Barbara und Wilhelm Faix

Advent und Weihnachten in der Familie

Wie Sie die festliche Zeit mit Kindern erleben können

Herausgegeben von Claudia Filker

Bildnachweis
Corel: S. 10, 11, 29, 30, 32, 35, 38, 41, 42; Dietmar Reichert: alle Zeichnungen; Digital Stock: Umschlagfoto

© 2000 Oncken Verlag Wuppertal und Kassel
Gesamtgestaltung: Dietmar Reichert, Dormagen
Druck: Uhl, Radolfzell
ISBN 3-7893-7451-2
Bestell-Nr. 627 451

Einleitung 5

Teil 1
Feiern mit Kindern 7
   Kinder brauchen Rituale 10

Advent in der Familie 13
   Lieder und Gedichte zum Advent 14
   Ein Adventskalender zum Selbermachen 27
   Wichteln 29

Heiligabend in der Familie 31
   Wie verläuft bei uns der Heilige Abend? 32
   Das Weihnachtsgeschenke-Spiel 36
   Der Gottesdienst 37
   Das Essen 37
   Vom Sinn des Schenkens 39
   Die Weihnachtsgeschichte 40

Kleine Geschenke und große Geheimnisse 43

Teil 2
Weihnachtsgeschichten zum Vorlesen 52
   Eine Weihnachtslegende *(Karl Wanner)* 53
   Der Engel mit dem Gipsarm *(Renate Schupp)* 59
   Das Friedenskind *(Philipp Yancey)* 63
   Robertino und der Bettler *(Lieselotte Hoffmann)* .. 75
   Das Geschenk der Weisen *(O. Henry)* 79

Quellen 92

Unseren Kindern
Tobias und seiner Frau Christine,
Rebekka und Sara

Eine besondere Zeit …

Die Advents- und Weihnachtszeit hat für die meisten Menschen immer noch eine unbegreifliche Faszination und Anziehung. Stimmung und Atmosphäre verändern sich. Eine geheimnisvolle Sehnsucht breitet sich aus.
Warum eigentlich? Wir sind überzeugt, dass es mit dem Weihnachtsgeschehen selbst zu tun hat. Dabei stehen immer mehr Menschen dieser besonderen Zeit des Jahres hilflos gegenüber, auch solche, die dem christlichen Glauben und der Kirche verbunden sind. Immer wieder wurden wir gefragt, ob wir nicht aus der Erfahrung in unserer eigenen Familie heraus berichten könnten, wie wir diese Zeit gestalten.
Wenn wir bei Seminaren oder „Offenen Abenden" zu diesem Thema gesprochen haben, fanden wir dankbare Zuhörer, die unsere Anregungen gern aufnahmen und umsetzten. Manch einer sagte uns später: „Seit wir die Advents- und Weihnachtszeit so gestalten wie ihr, erleben wir diese Zeit viel bewusster. Die Kinder machen toll mit und sind begeistert."
Unser Wunsch ist es, dass auch dieses Buch für viele Familien zu einem Impuls wird, die Advents- und Weihnachtszeit so zu gestalten, dass die frohe Botschaft vom Kommen des Retters der Welt gefeiert wird.

Feiern mit Kindern

Das Wort „feiern" hat in unseren Ohren einen lieblichen Klang. Jeder von uns freut sich auf ein schönes Fest. Die meisten Feste sind allerdings Feste für Erwachsene, die für Kinder mehr oder weniger langweilig sind. Kinderfeste gibt es in unseren Familien selten. Beim Kindergeburtstag kommt das Kind noch am ehesten auf seine Kosten, wenn mit Freunden gefeiert wird, und nicht nur die Onkel und Tanten eingeladen werden.

Dabei ist das Feiern für unsere Kinder so wichtig. Kinder lieben Feste, freuen sich darauf und sind schon Wochen vorher voller Erwartungen. Ein Kind, das ohne Feste aufwächst, ist ein armes Kind. Entscheidendes geht ihm verloren. Für die Entwicklung des Kindes sind Kinderfeste von großer Bedeutung. Feiern bedeutet Freude. Wo überquellende Freude erlebt wird, geschieht Entscheidendes für die Entwicklung des Kindes.

Jede Familie sollte großen Wert auf das Feiern mit Kindern legen. Anlässe finden sich immer: der Geburtstag, besondere Tage des Kirchenjahres, Jahreszeiten, der erste Schultag u.a.m. Solch ein Fest soll nur auf die Kinder ausgerichtet sein; ein richtiges Kinderfest.

Zum Fest gehört die Vorfreude. Vorfreude ist mit die schönste Freude. Es ist die Zeit des Wartens und damit verbunden eine Zeit des positiven Verzichts. Verzichten lernen ist wiederum ein notwendiger Schritt in der Persönlichkeitsentwicklung. Wir haben uns daran gewöhnt,

Kinder lieben Feste, freuen sich darauf und sind schon Wochen vorher voller Erwartungen.

Zum Fest gehört die Vorfreude.

alles sofort zu bekommen. Wer alles sofort bekommt, kann sich aber nicht mehr freuen und empfindet Verzicht als etwas Negatives. Aber die Zeit des Wartens ist eine pädagogisch nützliche Zeit.

Wenn dann endlich das Fest da ist, ist das Erleben des Festes prägend. Dieses Erleben ist vielseitig. Da sind z.B. die Festtafel, die Dekoration, der Schmuck, die Kerzen. Die Augen feiern mit. Der Glanz und die Schönheit entlocken dem Kind Staunen und Bewunderung. Die glänzenden, großen Augen sprechen eine eigene Sprache.

Der Ablauf einer Feier richtet sich nach dem Fest: singen, musizieren, spielen, basteln, vorlesen, erzählen, sich unterhalten u.v.a.m., der Phantasie und Kreativität sind keine Grenzen gesetzt. Wie das Fest im Einzelnen gestaltet werden kann, ist natürlich vom Alter des Kindes abhängig.

Das Besondere an solch einem Fest ist, dass die ganze Familie dabei ist, auch der Vater. Gerade beim Fest sollte der Vater nicht fehlen. Für das Kind wird es zu einem besonderen Erlebnis, wenn beide Eltern dabei sind, wenn es Vater und Mutter einmal ganz anders erlebt: beim Spielen oder Singen, beim Basteln oder Erzählen. Ganz andere Seiten kommen zum Vorschein. Väter tun sich oft schwer, sich einen Tag freizunehmen, um beim Fest des Kindes dabei zu sein. Wir möchten ihnen Mut machen.

Es kommt beim Ablauf eines Festes nicht auf die Perfektion an.

Es kommt beim Ablauf eines Festes nicht auf die Perfektion an. Zwischenfälle, Tränen und Beleidigtsein sind ganz normal und gehören dazu. Kinder sehen das nicht so eng; mit „Zwischenfällen" haben wir Erwachsene mehr Probleme.

Das Fernsehen hat an solch einem Tag keine Chance. Jedes Kind wird ein fröhliches Fest einem Fernsehprogramm vorziehen.

Nun werden Sie fragen: Was hat das Feste-Feiern mit Advent und Weihnachten zu tun? Wir meinen: sehr viel! Die Advents- und Weihnachtszeit eignet sich in besonderer Weise zum Feiern. Eine tiefe innere Sehnsucht nach Freude, Besinnung, Frieden, Glück und Schönheit erwacht in uns. Unsere Konsumgesellschaft weiß das zu nutzen und versucht in dieser Zeit das Geschäft des Jahres zu machen. Der Konsumzwang, der die Advents- und Weihnachtszeit bestimmt, macht sie zur turbulentesten Zeit des Jahres. Ist die Festzeit vorüber, bleiben oft nur Enttäuschung und innere Leere zurück, trotz der vielen großen Geschenke und des außergewöhnlichen Festessens.

Die Weihnachtszeit ist zur Hauptgeschäftszeit geworden, und noch mehr als in anderen Zeiten hetzen die Menschen durch die Fußgängerzonen der Städte, um Einkäufe zu erledigen. In manchen Branchen wird bis zu 80 % des Umsatzes im Weihnachtsgeschäft gemacht. Das Eigentliche des Weihnachtsgeschehens wird dabei allzu leicht vergessen. Es geht im Weihnachtsrummel unter.

Ein Zeichner hat versucht, das heutige Weihnachtsgeschehen aus der Sicht von Josef und Maria festzuhalten[1]:

Wir können uns dem Weihnachtsrummel nicht völlig entziehen, wir können aber Orte schaffen, die Ruhe und Geborgenheit geben.

Die Menschen sind alle mit sich beschäftigt; traurige Gesichter, gehetzte Gesichter, enttäuschte Gesichter. Dicht gedrängt überqueren sie den Zebrastreifen. Für Josef und Maria gibt es kein Weiterkommen; sie werden noch nicht einmal beachtet. Für das Eigentliche haben die Menschen im Trubel des Weihnachtsgeschäftes keinen Blick mehr.

Gibt dieses Bild nicht treffend unsere Situation wieder? Geht es uns nicht allen ähnlich? Ist es überhaupt möglich, dem Weihnachtsrummel zu entrinnen oder ihn wenigstens ab und zu zu durchbrechen? Manche Menschen träumen von der guten alten Zeit, in der es diesen Weihnachtsrummel noch nicht gab. Aber es gibt kein Zurück in eine „gute alte Zeit" (wenn es diese Zeit überhaupt jemals gegeben hat). Wir können uns dem Weihnachtsrummel nicht völlig entziehen, wir können aber Orte schaffen, die Ruhe und Geborgenheit geben. Dies ist in der Familie immer noch am leichtesten möglich.

Feiern mit Kindern

Kinder brauchen Rituale

Früher gab es in jeder Region eine bestimmte Weihnachtstradition. Weihnachten wurde im Schwarzwald anders gefeiert als im Erzgebirge. Aber von diesen Traditionen ist nicht mehr viel übrig geblieben. Eine multikulturelle Gesellschaft kennt keine Traditionen mehr, die gesellschaftlich prägend sind. Jede Familie muss selbst zusehen, ob sie eine Tradition hat oder wie sie eine für sich passende Tradition entwickeln kann.

Für die Entwicklung unserer Kinder ist es ganz wichtig, dass sie Traditionen kennen lernen. Die Pädagogen sprechen von Ritualen, die die Kinder brauchen. Die Advents- und Weihnachtszeit bietet eine großartige Gelegenheit, solche Rituale zu pflegen.

Wir wollen darum berichten, wie wir als Familie die Advents- und Weihnachtszeit gefeiert haben. Unsere Kinder sind inzwischen erwachsen, aber der Heilige Abend hat immer noch seine besondere Gestalt, auch wenn nicht mehr alle Kinder daran teilnehmen können. Wir haben einige Zeit gebraucht, bis wir die Form gefunden haben, die wir Ihnen hier vorstellen möchten.

Wenn wir erzählen, wie wir die Advents- und Weihnachtszeit gestalten, dann trägt dieser Bericht natürlich eine ganz persönliche Note. Es ist uns bewusst, dass es viele verschiedene Möglichkeiten gibt, diese Zeit zu gestalten. So möchten wir unsere Art auch nur als eine unter vielen Möglichkeiten verstehen, aber vielleicht ist Ihnen diese Art eine Anregung, es einmal selbst zu versuchen, oder Sie bekommen einen Impuls, den Sie auf Ihre Weise umsetzen können. Uns geht es darum, dass die Advents- und Weihnachtszeit als eine besondere Zeit in der Familie bewusst wahrgenommen wird. Geben Sie Ihren Kindern etwas Bleibendes mit, das nicht nur gute Erinnerungen weckt, sondern prägend für die Persönlichkeit ist.

Doch nicht nur die Kinder sollen Freude haben, auch für Sie als Eltern ist das Zur-Ruhe-Kommen wichtig und wohltuend. Natürlich verläuft auch solch ein Feiern nicht ohne Spannungen. Geschrei, Krach, Ärger, Streit und Auseinandersetzungen gehören nun mal zum Alltag der Familie, auch in der Advents- und Weihnachtszeit. Doch auch gerade so kann praktisch erlebt werden, was Advent bedeutet.

Advent
in der Familie

Die Adventszeit ist in unserer Familie eine besondere Zeit. Sie beginnt pünktlich am 1. Advent. Rechtzeitig wird das Haus bzw. das Wohnzimmer adventlich geschmückt. Ein Adventskranz steht auf dem Tisch, kleine adventliche Zeichen sind überall im Zimmer verstreut, auch die Fenster werden nicht vergessen. Das ganze Haus, die ganze Wohnung bekommt so einen besonderen Glanz und trägt zu einer Atmosphäre bei, die zur Sammlung und Ruhe einlädt.
Täglich trifft sich die Familie zur Adventsfeier. Die Kerzen werden angezündet. Da kann es bereits den ersten Streit geben, weil jedes der Kinder die Kerzen anzünden möchte. Der Streit lässt sich leicht schlichten, wenn ausgemacht wird, dass jeden Tag ein anderes Kind die Kerzen anzünden kann. (Bei kleinen Kindern geschieht das natürlich unter Aufsicht.)

An erster Stelle steht das gemeinsame Singen, so wie es zur Familiensituation und zum Alter der Kinder passt. Bei Kindern im Vorschulalter wählt man einfache Lieder, die die Kinder in diesem Alter auch mitsingen können. Wenn die Familie nicht so musikalisch ist und selber neue Lieder nicht lernen und einüben kann, dann sollte man sich im Kindergarten oder im Kindergottesdienst erkundigen, welche Lieder dort gesungen werden.

Macht hoch die Tür

Macht hoch die Tür, die Tor macht weit, es kommt der Herr der Herrlichkeit, ein König aller Königreich, ein Heiland aller Welt zugleich, der Heil und Leben mit sich bringt; derhalben jauchzt, mit Freuden singt: Gelobet sei mein Gott, mein Schöpfer reich an Rat.

Advent und Weihnachten in der Familie

2. Er ist gerecht, ein Helfer wert, Sanftmütigkeit ist sein Gefährt, sein Königskron ist Heiligkeit, sein Zepter ist Barmherzigkeit; all unre Not zum End er bringt, derhalben jauchtzt, mit Freuden singt: Gelobet sei mein Gott, mein Heiland groß von Tat.

3. O wohl dem Land, o wohl der Stadt, so diesen Köning bei sich hat. Wohl allen Herzen insgemein, da dieser König ziehet ein. Er ist die rechte Freudensonn, bringt mit sich lauter Freud und Wonn. Gelobet sei mein Gott, mein Tröster früh und spat.

4. Macht hoch die Tür, die Tor macht weit, eu'r Herz zum Tempel zubereit'. Die Zweiglein der Gottseligkeit steckt auf mit Andacht, Lust und Freud; so kommt der König auch zu euch, ja Heil und Leben mit zugleich. Gelobet sei mein Gott, voll Rat, voll Tat, voll Gnad.

5. Komm, o mein Heiland Jesu Christ, meins Herzens Tür dir offen ist. Ach zieh mit deiner Gnade ein, dein Freundlichkeit auch uns erschein. Dein Heilger Geist uns führ und leit den Weg zur ewgen Seligkeit. Dem Namen dein, o Herr, sei ewig Preis und Ehr.

T: Georg Weißel 1623, M: Halle 1704

Ihr Kinderlein kommet

Ihr Kin-der-lein kom-met, o kom-met doch all. die-ser hoch-hei-li-gen Nacht der Va-ter im Him-mel für Freu-de uns macht.

Zur Krip-pe her kom-met in Beth-le-hems Stall und seht, was in

Begleitung für Glockenspiel o. a.

2. O seht in der Krippe im nächtlichen Stall, seht hier bei des Lichtleins hellglänzendem Strahl, in reinlichen Windeln das himmlische Kind, viel schöner, viel holder, als Engel es sind.

3. Da liegt es, ihr Kinder, auf Heu und auf Stroh, Maria und Joseph betrachten es froh, die redlichen Hirten knien betend davor, hoch oben schwebt jubelnd der Engelein Chor.

4. O beugt wie die Hirten anbetend die Knie, erhebet die Hände und danket wie sie. Stimmt freudig, ihr Kinder – wer wollt sich nicht freun? – stimmt freudig zum Jubel der Engel mit ein!

5. O betet: Du liebes, du göttliches Kind, was leidest du alles für unsere Sünd! Ach hier in der Krippe schon Armut und Not, am Kreuze dort gar noch den bitteren Tod.

6. Was geben wir Kinder, was schenken wir dir, du bestes, du liebstest der Kinder, dafür? Nichts willst du von Schätzen und Freuden der Welt; ein Herz nur voll Demut allein dir gefällt.

7. So nimm unsre Herzen zum Opfer denn hin, wir geben sie gerne mit fröhlichem Sinn; ach mache sie heilig und selig wie deins und mach sie auf ewig mit deinem nur eins.

T: Christoph von Schmitd 1798; M: Johann Abraham Schulz 1794;
Satz: Wilfried Siemens 1986 © S: Oncken Verlag, Wuppertal

Tragt in die Welt nun ein Licht

2. Tragt zu den Alten ein Licht …

3. Tragt zu den Kranken ein Licht …

4. Tragt zu den Kindern ein Licht …

Text je nach Gelegenheit erweitern!

T+M: Wolfgang Longhardt
Rechte: Verlag Ernst Kaufmann, Lahr

Seht, die gute Zeit ist nah

Seht, die gu - te Zeit ist nah:
kommt und ist für al - le da,

Gott kommt auf die Er - de,
kommt, daß Frie - de wer - de, kommt, daß

Frie - de wer - de. Hal - le - lu - ja!

2. Hirt und König,
   groß und klein,
   Kranke und Gesunde,
   Arme, Reiche lädt er ein.
   Freut euch auf die Stunde,
   freut euch auf die Stunde.

T+M: aus der Tschechoslowakei

Ein heller Stern hat in der Nacht

2. Die Engel haben auf dem Feld
   den Hirten es zuerst erzählt.
   Gloria! Gloria! Halleluja.

3. Die Hirten ließen alles stehn,
   um zu dem Kind im Stall zu gehn.
   Gloria! Gloria! Halleluja.

4. Maria wusste es lange schon:
   Das Kind im Stroh ist Gottes Sohn.
   Gloria! Gloria! Halleluja.

5. Und Josef auch, der Zimmermann,
   nimmt dieses Kind in Liebe an.
   Gloria! Gloria! Halleluja.

6. Der helle Stern hat in der Nacht
   die Könige zum Stall gebracht.
   Gloria! Gloria! Halleluja.

7. So wissen alle nun davon:
   Gott schenkt uns seinen eignen Sohn.
   Gloria! Gloria! Halleluja.

8. Drum freut euch all, ihr lieben Leut'!
   Dankt Gott und feiert Weihnacht heut'.
   Gloria! Gloria! Halleluja.

T: Rolf Krenzer; M: Detlev Jöcker
Rechte: Menschenskinder Verlag, 48157 Münster
Aus: MC und Liedheft „Heute leuchten alle Sterne"

Ein Licht leuchtet auf in der Dunkelheit

1. Wer trau-rig ist, wird wie-der froh. Ver-zwei-fel-te wer-den ge-trös-tet sein. Ver-hei-ßen hat Gott es uns so. Und al-le dür-fen sich freun. Wir war-ten und hof-fen, wir hof-fen und war-ten. Wir wis-sen ja al-le da-von: Gott schickt sei-nen ei-ge-nen Sohn. Ein Licht, ein Licht, ein Licht leuchtet auf in der Dun-kel-heit. Ein Licht, ein Licht, ein Licht leuch-tet auf.

2. Ein Kind kommt zu uns auf die Welt.
   Das Kind wird ein mächtiger König sein.
   Ein König, der treu zu uns hält.
   Und alle dürfen sich freun.
   Ein König des Friedens.
   Ein König der Freude.
   Wir wissen ja alle davon:
   Gott schickt seinen eigenen Sohn!
   Ein Licht …

3. Viel stärker als Leid und als Not.
   Und in seinem Reich wird stets Friede sein.
   Viel stärker als Krieg und als Tod.
   Und alle dürfen sich freun.
   Ein König des Friedens.
   Ein König der Freude.
   Wir wissen ja alle davon:
   Gott schickt seinen eigenen Sohn!
   Ein Licht …

4. Wer traurig ist, wird wieder froh.
   Verzweifelte werden getröstet sein.
   Verheißen hat Gott es uns so.
   Und alle dürfen sich freun.
   Wir warten und hoffen.
   Wir hoffen und warten.
   Wir wissen ja alle davon:
   Gott schickt seinen eigenen Sohn!
   Ein Licht …

T: Rolf Kronen; M: Detlef Jöcker
Rechte: Menschenskinder Verlag, 48157 Münster
Aus: MC und Liedheft „Weihnachten ist nicht mehr weit"

Was unter dem Weihnachtsbaum liegt

Von der Mutter ein Kleid aus Seide
und zum Zeichnen und Malen Kreide.
Vom Vater ein Buch mit Geschichten
von Heinzelmännchen und Wichten.
Vom Paten ein goldenes Amulett,
vom Onkel Franz ein Puppenbett.
Von Tante Lina ein Paar Hosen
und ein Lebkuchen mit Rosen.

Sind wir reich oder arm?
Ist es uns kalt oder warm?
Müsste nicht noch etwas sein,
nicht groß und nicht klein,
was nicht im Schaufenster steht
und was niemand kaufen geht?
Ich frage, ich bin so frei:
Ist auch etwas vom Christkind dabei?

Max Bolliger[2]

Weihnacht

Christkind ist da,
sangen die Engel im Kreise
über der Krippe immerzu.

Der Esel sagte leise
I-a und der Ochse sein Muh.

Der Herr aller Welten
ließ alles gelten.
Es dürfen auch nahen
ich und du.

Josef Guggenmos[3]

Advent in der Familie

Kinder lieben die Wiederholung, deshalb ist es gut, wenn ein Lied in der ganzen Adventszeit immer wieder gesungen wird. Musikinstrumente wie Triangel, Hölzer, Glockenspiel u.a. beleben das Singen.
Familien, die musikalisch begabt sind, haben hier ein breites Betätigungsfeld: Gemeinsames Singen und Musizieren gehört zum Schönsten, was Kinder erleben können. Wir möchten aber auch ausdrücklich Familien, die nicht so musikalisch sind, Mut machen zu singen. Es kommt nicht auf die Musikalität an, sondern auf die innere Einstellung und dass man mit ganzem Herzen dabei ist. Kinder spüren das.
Mit Schulkindern sollte man ruhig auch alle anderen Advents- und Weihnachtslieder singen, die man im Gesangbuch oder in anderen Liederbüchern findet. Ist die Familie größer und sind jüngere wie ältere Kinder da, sollte man darauf achten, dass jedes Kind seinem Alter entsprechend an einem Abend zu seinem Recht kommt. Am besten ist es, wenn sich jedes Kind ein Lied wünschen darf. Da ja jeden Tag gefeiert wird, ist es auch möglich, dass jeden Tag ein anderes Kind die Lieder, die gesungen werden, heraussucht.
Nach dem Singen und Musizieren wird eine Geschichte vorgelesen. Es empfiehlt sich, eine fortlaufende Geschichte zu lesen. Die Kinder freuen sich schon darauf und sind gespannt, wie es weitergeht. Neben Büchern, die sich gut in 23 oder 24 Abschnitte aufteilen lassen, gibt es Adventskalender, die neben der Geschichte auch kleine Bastelaufgaben bieten. Für unsere Kinder gehörte das Knabbern von Weihnachtsgebäck zum Vorlesen dazu, es war ein besonderer Genuss.
Nach dem Vorlesen der Geschichte kommt das Basteln. Während des Vorlesens ist es nicht ratsam, die Kinder ausschneiden und kleben zu lassen, da sie sonst abgelenkt sind. Beim Basteln muss man sich unterhalten können. Es gibt Dinge zu erklären und Aufgaben, bei denen die Erwachsenen helfen müssen. Gemeinsam zu basteln stärkt das familiäre Miteinander. Jedes Kind kann auf seine Weise ausschneiden, kleben und kreativ werden. Die Freude ist groß, wenn etwas gelungen ist und alle die geleistete Arbeit bestaunen. Was gemeinsam geschaffen wurde, wird an die Wand oder Tür gehängt und kann jeden Tag angeschaut und von Besuchern bewundert werden. Täglich kommt etwas dazu, und am Ende ist ein wunderbares Werk entstanden.

Ein Adventskalender zum Selbermachen

DIN A3

DIN A5

Eine schöne und nicht zu anspruchsvolle Bastelaufgabe möchten wir hier vorstellen. Großen und kleinen Kindern macht es Spaß, am 1. Dezember oder eventuell auch schon einige Tage vorher einen eigenen Adventskalender herzustellen. Dazu braucht man einen Zeichenkarton in DIN A3 und einen in DIN A5. Auf den großen Zeichenkarton malt ein Kind ein Tor (s. Skizze) und schneidet es so ein, dass man die Torflügel öffnen kann. Ein anderes Kind kann währenddessen auf einen Teil des kleineren Kartons ein Krippenbild malen, das so groß ist wie das Tor. Nun wird das Bild hinter die Toröffnung geklebt und die Türen werden wieder verschlossen. (Damit die Türen sich nicht so leicht wieder öffnen, kann man einen Riegel ausschneiden, auf den einen Türflügel kleben und mit einer Lasche am anderen Türflügel befestigen.) Nun wird der Teil des Kartons oberhalb des Tors ausgemessen und mit Linien in 23 gleich große Abschnitte eingeteilt. Diese Stufen, die zum Weihnachtstor hinabführen, werden vorsichtig eingeschnitten. Danach kann das Tor angemalt werden. Über dem Tor prangt ein Nachthimmel in vielen Blautönen, mit kleinen Sternen geschmückt. Aus dem zweiten Karton wird ein größerer Stern ausgeschnitten und gelb oder golden angemalt. Auf seine Rückseite wird ein kleiner Streifen Karton nur zur Hälfte festgeklebt, so dass sich der Stern in die oberste Stufe stecken lässt. Von nun an wandert der Stern jeden Tag eine Stufe weiter hinab, bis er am Heiligen Abend das Weihnachtstor erreicht hat und die Krippe erhellt.

Advent in der Familie

Nach dem Basteln wird ein gemeinsames Lied gesungen. Den Abschluss bildet ein Gebet. Man kann ein gemeinsames, vorformuliertes Gebet sprechen oder lesen oder die Möglichkeit geben, dass jeder, der möchte, so zu Gott betet, wie es ihm entspricht. Wenn noch etwas Zeit ist, kann man noch eine Weile zusammensitzen, Obst oder Weihnachtsplätzchen essen, miteinander plaudern und die Gemeinsamkeit genießen, bis es für kleinere Kinder Zeit ist, ins Bett zu gehen. Es ist wichtig, dass diese tägliche Feier zu einer festen Zeit stattfindet – für die Eltern, damit sie ihren Tagesplan danach ausrichten, für die Kinder, damit sie einen guten Rhythmus finden. Wenn man keine feste Zeit vereinbart, wird es schwierig, die Feier täglich durchzuführen. Zu leicht passiert es, dass man verschiebt und verlegt und dann doch nicht dazu kommt. Außerdem führt es zu Missstimmung und Streit, wenn einer auf den anderen warten oder ihn drängen muss.

Wichtig ist es auch, dass die Eltern sich vorher einigen, wie lange die adventliche Feier dauern soll. Wenn Sie alles machen, was wir hier geschildert haben, brauchen Sie mindestens eine halbe Stunde. Die Zeit kann natürlich durch das Basteln leicht verlängert werden. An Tagen, an denen die Zeit knapp ist, kann man auch kürzen, indem man das Basteln ausfallen lässt oder weniger singt und musiziert.

Bei größeren Kindern ist das Basteln häufig nicht mehr so gefragt, dann kann man es bei einer längeren Fortsetzungsgeschichte belassen. Hier muss jede Familie ihren Weg finden. Wichtig ist nur eins: Die Adventszeit soll zu einer kleinen Festzeit werden. Die Freude wächst von Tag zu Tag bis zum Heiligen Abend, dem Höhepunkt dieser Zeit. Das abendliche Feiern tut nicht nur den Kindern gut, sondern auch den Eltern. Eine halbe Stunde der Ruhe und Besinnung tut wohl und gibt dem Alltag Orientierung. Der Sinn der Adventszeit kommt zum Tragen: die innere Vorbereitung auf die Ankunft von Jesus Christus, dem Sohn Gottes. Advent heißt ja Ankunft. Wir feiern die Ankunft Jesu. Er ist der eigentliche Grund der Freude.

So hat der Prophet Sacharja bereits 500 Jahre vor Christi Geburt verkündigt:

Tochter Zion, freue dich sehr,
und du, Tochter Jerusalem, jauchze!
Siehe, dein König kommt zu dir,
ein Gerechter und ein Helfer.
Sacharja 9,9

Wichteln

Manche kennen das Wichteln vom Kindergarten oder von der Schule. Aber auch in der Familie kann die Adventszeit durch das Wichteln noch bereichert werden. Sie bekommt dadurch eine besondere Note. Jeder in der Familie bekommt ein Familienglied zugelost. Keiner weiß, wer wen gezogen hat. Die Aufgabe besteht nun darin, täglich oder alle paar Tage (das sollte jedem frei überlassen sein) demjenigen Familienglied, das er gezogen hat, eine Freude zu bereiten. Dies sollte so geschehen, dass der Betreffende nicht weiß, wer es war. So gibt es jeden Tag geheimnisvolle Aktivitäten und verschiedene Überraschungen. Plötzlich sind die Schuhe geputzt, ist die Küche aufgeräumt oder liegt auf dem Kopfkissen die Lieblingsschokolade. Kreativität und Phantasie sind gefragt! Bei Kindern im Vorschulalter können die Mutter, der Vater oder eines der großen Geschwister beim Wichteln helfen. In einer Familie, die aus drei Personen besteht, kann jeder jedem heimlich eine Freude bereiten. Am Heiligabend wird dann das Geheimnis gelüftet und alle erfahren, wer wem wann gewichtelt hat. Damit das Wichteln spannend bleibt, sollte nicht jedes Jahr gewichtelt werden, sondern immer nur dann, wenn die ganze Familie damit einverstanden ist und nach einer Pause neuen Spaß am Wichteln hat.

Advent in der Familie

Heiligabend
in der Familie

Der Höhepunkt allen Feierns ist natürlich der Heilige Abend. Er bedarf einer guten Vorbereitung. Auch hier wollen wir Ihnen erzählen, wie wir es halten. Natürlich gilt auch für den Heiligen Abend, was wir schon zur Adventszeit sagten: Es gibt viele Möglichkeiten, das Fest zu gestalten. Außerdem ist jede Familiensituation anders. Nicht jede Familie hat z.B. die Möglichkeit, bereits am Nachmittag mit der Feier zu beginnen. Aber vielleicht können Sie den von uns geschilderten Ablauf für Ihre Situation anpassen, die einzelnen Elemente im Blick auf Ihre Familie überdenken und umstellen. Damit haben schon viele andere Familien gute Erfahrungen gemacht.

Wie verläuft bei uns der Heilige Abend?

Am Vormittag schmücken die Eltern das Weihnachtszimmer mit dem Weihnachtsbaum. Wenn am Vormittag des Heiligen Abends keine Zeit oder Möglichkeit besteht, den Weihnachtsbaum zu schmücken, dann kann man das bereits am Abend des 23. Dezember tun. Es gibt natürlich auch Eltern, die den Weihnachtsbaum gern mit ihren Kindern zusammen schmücken. Wir machen es als Eltern gern allein, um die Vorfreude auf das, was im Weihnachtszimmer zu sehen sein wird, zu erhöhen. Die Kinder dürfen an diesem Tag nicht ins Zimmer kommen. So wächst die Spannung von Stunde zu Stunde.

Zum Mittagessen gibt es nur eine Kleinigkeit. Anschließend machen sich alle für die Feier bereit. Die Aufgaben, die noch zu erledigen sind, werden verteilt. Die Geschenke sollten schon vorher eingepackt worden sein. Dann trifft sich die Familie zum Kaffeetrinken. Der Hunger ist meistens nicht sehr groß, weil die Erwartung des Festes alles überstrahlt.
Dann ist es so weit. Die Eltern gehen ins Weihnachtszimmer und zünden die Kerzen am Christbaum an. Auch an anderen Stellen im Wohnzimmer sind viele Kerzen aufgestellt und werden angezündet, so dass kein anderes Licht zu brennen braucht. Das Zimmer steht in einem wunderschönen Weihnachtsglanz.

Nun läutet der Vater (so ist es jedenfalls bei uns Tradition) ein Glöckchen. Das ist das Zeichen für die Kinder oder auch die Großeltern und andere Gäste, die eingeladen worden sind und die gespannt vor dem Zimmer warten, ins Zimmer hineinzukommen. Alle stellen sich um den Weihnachtsbaum und singen „Ihr Kinderlein kommet …" oder ein anderes Lied. Wenn alle gerne singen, werden noch einige weitere Weihnachtslieder gesungen. Dann haben die Kinder die Möglichkeit, etwas, das sie vorbereitet oder auswendig gelernt haben, vorzutragen: ein Weihnachtsgedicht oder ein Lied, vielleicht auch einen anderen musikalischen Beitrag. Die größeren Kinder haben selbständig etwas herausgesucht oder gelernt und überraschen damit die Eltern. Die Kleinen haben natürlich etwas Unterstützung von den Eltern bekommen.

Der nachfolgende Teil hat sich in unserer Familie mit zunehmendem Alter der Kinder gewandelt. Als unsere Kinder noch klein waren, hatte er folgenden Ablauf:
Der Vater oder die Mutter lesen die Weihnachtsgeschichte aus der Bibel vor (Lukasevangelium 2,1-20). Wenn nur kleine Kinder da sind, kann die Weihnachtsgeschichte auch aus einer Kinderbibel vorgelesen werden. Die Bilder werden dann gemeinsam betrachtet; der Text kann erklärt oder ergänzt werden.

Nun wird die Weihnachtsgeschichte gemeinsam gespielt. Ja, Sie haben richtig gelesen: gemeinsam gespielt. Für die Erwachsenen ist das etwas ungewohnt und manche müssen die erste Scheu überwinden. (Auch das ist für die Kinder ein besonderes Erlebnis.) Jeder spielt natürlich mit, auch die Großeltern oder Verwandte, einfach alle, die am Heiligen Abend mitfeiern. Wenn die Familie klein ist, kann eine

Person mehrere Rollen spielen; bei einer Kleinfamilie wird jeder in jeder Szene gebraucht. Die Rollen werden verteilt und kurz durchgesprochen. (Das ist nur beim ersten Mal etwas kompliziert, in den nächsten Jahren weiß jeder sehr schnell, was zu spielen ist.) Ein paar Hüte, ein Stock, ein paar Tücher o.ä. liegen bereit, damit jede Rolle – natürlich mehr symbolisch – deutlich wird.

Folgende vier Szenen bieten sich an:

1. Szene: **Maria und Josef sind auf der Suche nach einer Herberge**
(Personen: Maria und Josef und ein bis drei Wirte, bei denen Maria und Josef vergeblich um Herberge bitten.) Josef klopft an und fragt nach einer Herberge. Der Wirt (die Wirte) weisen das Paar ab. Natürlich darf der Phantasie freien Lauf gelassen werden. Jeder spielt so, wie er es kann und er es sich vorstellt.

2. Szene: **Die Hirten auf dem Feld und die Verkündigung der Engel**
(Personen: ein Engel und Hirten, je nach Anzahl der Kinder und Erwachsenen)
Die Hirten liegen oder sitzen bei ihren Schafen. Der Verkündigungsengel (mit einer Kerze in der Hand) erscheint und spricht die Worte aus Lukas 2,10-12. Die Hirten erschrecken und fragen sich, was los ist.

3. Szene: **Alle gehen gemeinsam zur Anbetung des Kindes an die Krippe**
Die ganze Familie versammelt sich vor dem Christbaum. Schön ist es, wenn unter dem Christbaum eine Krippe aufgebaut ist. Nun kann man gemeinsam niederknien und ein Dankgebet sprechen. Eventuell kann an dieser Stelle auch für die Angehörigen, Kranken, Armen und Notleidenden gebetet werden. Solch eine gemeinsame Gebetszeit ist etwas ganz Besonderes. Natürlich ist es jedem freigestellt, zu beten oder nur still teilzunehmen. Das gilt für alle Familienangehörigen und Freunde, die mitfeiern. Ist die Familie nicht gewohnt, gemeinsam frei zu beten, kann auch ein Familienmitglied ein Gebet sprechen oder ein vorformuliertes Gebet vorlesen.

Ein gemeinsames Lied (z.B. „O du fröhliche …") schließt diesen Teil der Feier ab.

Als unsere Kinder so groß waren, dass sie die Weihnachtsgeschichte nicht mehr gern spielen wollten (sie waren damals etwa 10 oder 11 Jahre alt), haben wir den Ablauf geändert:
Nach dem gemeinsamen Singen, Musizieren und Gedichte-Aufsagen liest der Vater oder die Mutter eine Weihnachtsgeschichte vor, die er oder sie zuvor herausgesucht hat. Es gibt eine Fülle von Weihnachtsgeschichten, aber nicht jede eignet sich zum Vorlesen in der Familie. Es sollte eine Geschichte sein, die nicht langatmig, sondern spannend ist, ein für Kinder nachvollziehbares Geschehen erzählt (möglichst eine wahre Begebenheit) und die nicht zu lang ist, so dass sie zwischen vier und maximal zwanzig Minuten Vorlesezeit benötigt (im letzten Teil des Buches finden Sie einige solcher Geschichten). Wenn die Geschichte beendet ist, kann sich ein Gespräch anschließen, das aber nicht zu lange dauern sollte. Es hat auch nur dann Sinn, wenn sich alle beteiligen.

Nach der Geschichte und dem Gespräch wird die Weihnachtsgeschichte, wie sie in der Bibel zu finden ist, gelesen (Lukas 2,1-20). Das Vorlesen der Weihnachtsgeschichte kann auch eines der Kinder übernehmen. Da die Weihnachtsgeschichte mit dem Weg der Hirten zur Krippe endet, steht die Familie auf und geht ebenfalls zur Krippe am Weihnachtsbaum, um gemeinsam Jesus anzubeten, so wie wir es oben beschrieben haben.

Heiligabend in der Familie

Das Weihnachtsgeschenke-Spiel

Nun folgt der zweite Teil der Feier am Heiligen Abend, das Geschenke-Auspacken.

Nachdem wir in unserer Familie erlebt hatten, wie groß das Chaos beim Geschenke-Auspacken werden kann, wenn sich jeder auf seine Geschenke stürzt, sich Berge von Verpackungsmaterial im Wohnzimmer türmen und jeder nur mit seinen Geschenken beschäftigt ist und von den anderen kaum Notiz nimmt, brachte uns eine Verwandte auf eine besondere Idee: Sie erzählte von einem Weihnachtsspiel, an dem die ganze Familie beteiligt ist und das verhindert, dass aus dem Geschenke-Auspacken eine Schlacht wird. Wir stellten daraufhin unser eigenes Weihnachtsspiel her und probierten es beim nächsten Fest aus. Alle waren begeistert.

Auf den letzten Seiten dieses Buches finden Sie die Vorlage zu diesem Spiel, die Sie sich auf die geeignete Größe kopieren können. Wahrscheinlich werden Ihre Kinder Spaß daran haben, das Blatt oder den Karton bunt anzumalen oder anders zu verzieren. Dann brauchen Sie nur noch einen Würfel und so viele „Mensch ärgere dich nicht"-Figuren wie Mitspieler.

Bei diesem Spiel ist es wichtig, dass alle Geschenke, und seien sie noch so klein, in Geschenkpapier, Weihnachtstüten oder in anderer Form eingepackt sind und jede Person einen Platz im Zimmer hat, wo seine Geschenke unter einer Decke oder einem Tuch verborgen liegen.

Zunächst wird bestimmt, wer anfängt (zum Beispiel das jüngste Kind oder der, der die höchste Zahl gewürfelt hat). Wenn nun der Erste „Geschenk auspacken" gewürfelt hat, geht er zu seinem Geschenkplatz, greift unter die Decke und zieht ein Geschenk heraus. Vor aller Augen wird nun das Geschenk ausgepackt. Alle können es bewundern und sich darüber freuen. Der Beschenkte kann sich auch sogleich bei dem, von dem er das Geschenk bekommen hat, bedanken, wenn er da ist. Das Geschenkpapier kann nebenher aufgeräumt werden und der Nächste ist an der Reihe zu würfeln.

- blau: Wir singen gemeinsam ein Lied.
- gelb: Du darfst ein Geschenk auspacken!
- weiß: Du darfst bestimmen, wer als Nächster ein Geschenk auspacken darf.
- orange: Rücke auf das nächste gelbe Feld vor!
- rot: Alle Kinder packen ein Geschenk aus.
- grün: Du darfst noch einmal würfeln.

Vorlage zum Fotokopieren und Ausmalen auf Seite 90/91

36 — Advent und Weihnachten in der Familie

Jedes Geschenk wird auf diese Weise gewürdigt, keines geht unter. Vor allem können die Kinder, die natürlich sehr gespannt sind, wie ihre Geschenke wohl aufgenommen werden, miterleben, wie die Eltern und Geschwister sich freuen. So herrscht ein großes Hallo, ein Jubeln und Springen, ein Drücken und Küssen. Alle sind beteiligt. Das Schenken bekommt eine besondere Bedeutung. Jeder schenkt gerne, auch Kleinigkeiten, und alle sind gespannt, was als Nächstes ausgepackt wird. Da immer wieder auch „Wir singen gemeinsam ein Lied" gewürfelt wird, ist das Auspacken durch kleine Besinnungspausen unterbrochen.

Gibt es größere Geschenke, die nicht im Weihnachtszimmer untergebracht werden können, dann wird ein Ersatzpäckchen unter die Decke gelegt, in dem ein Zettel mit dem Hinweis liegt, wo das Geschenk geholt werden kann (z.B. „Geh in den Keller, dort wartet eine Überraschung auf dich", oder: „Geh ins Schlafzimmer und schau unter das Bett").

Je nach Größe der Familie und Anzahl der Geschenke nimmt das Geschenke-Auspacken einen kürzeren oder längeren Zeitraum in Anspruch. Langeweile kommt auf diese Weise aber sicher keine auf. Wenn alle Geschenke ausgepackt sind, kann jeder seine Geschenke auf seine Art genießen. Die Kinder werden natürlich sofort ihre neuen Spielsachen ausprobieren, der eine schaut in ein Buch, der andere führt ein neues Kleidungsstück vor.

Der Gottesdienst
Wir wohnen in einem Dorf. Der Gottesdienst am Heiligen Abend ist stets um 19.00 Uhr. Nach dem gemeinsamen Feiern (von 15.30 bis 18.00 Uhr) gehen wir als Familie in den Gottesdienst, um nun mit der ganzen Gemeinde zusammen die Geburt Jesu zu feiern. Da ein Weihnachtsspiel aufgeführt und der Gottesdienst familienfreundlich gestaltet wird, gehen alle gerne hin.
Gottesdienst und gemeinsames Feiern ergänzen sich hervorragend und machen den Heiligen Abend zu einem ganz besonderen Fest.

Das Essen
Wenn wir aus dem Gottesdienst zurückkommen, gibt es das Festessen. Alle haben einen ordentlichen Hunger und freuen sich aufs Raclette. Das hat sich bei uns so eingebürgert: Am Heiligen Abend gibt es Fondue oder Raclette. Während des Essens gibt es viel zu

erzählen. Wir sprechen über den Gottesdienst, über die Geschenke, die jeder bekommen hat, und vieles mehr.

Nach dem Essen kann jeder machen, was er gerne möchte. Solange die Kinder klein sind, spielen sie gerne mit den Spielsachen, die sie bekommen haben. Sind die Kinder größer, kann sich die ganze Familie zum gemeinsamen Spielen zusammenfinden. Wir jedenfalls spielen immer gern und lange, selbst jetzt, wo schon alle Kinder erwachsen sind, vorausgesetzt, es ist ein Spiel, an dem sich alle gern beteiligen. Natürlich gibt es auch Kinder und Erwachsene, die grundsätzlich nicht gerne spielen. Das gilt es zu akzeptieren.

Am Heiligen Abend darf jeder so lange aufbleiben, wie er gerne möchte; das finden natürlich besonders die kleineren Kinder einfach toll.

Vielleicht fragen Sie sich, nachdem Sie bis hierher unseren Ausführungen gefolgt sind: Ist das nicht zu viel Aufwand? Können wir das in unserer Familie überhaupt schaffen? Natürlich ist unser Vorschlag nicht die einzige Möglichkeit, den Heiligen Abend sinnvoll zu gestal-

ten. Uns fällt nur auf, dass in den meisten Familien eine große Ratlosigkeit herrscht und dass viele Eltern (und vielleicht auch Kinder) unzufrieden damit sind, wie dieser Tag in ihrer Familie verläuft. Auch in Familien, die bewusst versuchen, ihren Glauben zu leben, weiß man oft nicht, wie man miteinander feiern kann. Vielleicht gewinnt die eine oder andere Familie aus dem, wie wir es hier beschrieben haben, ja einen Impuls, den Heiligen Abend neu zu überdenken, und den Mut, es einmal ganz anders als bisher zu versuchen.
Neben der Grundsatzentscheidung, das Fest mit neuen Elementen zu gestalten, geht es natürlich auch um praktische Dinge und um einen Zeitplan, der den örtlichen und persönlichen Verhältnissen angepasst ist. In manchen Gemeinden ist bereits um 16 Uhr der Familien-Weihnachtsgottesdienst. Dann kann man hinterher die Feier mit der Familie gestalten oder erst gemeinsam essen, bevor die Familienfeier beginnt.

Noch ein Wort dazu, warum wir eine eigene Feier in der Familie gestalten. Genügt denn nicht der Gottesdienst in der Gemeinde? Wir sind der Meinung, dass Christsein auch in der Familie eine konkrete Gestalt gewinnen sollte. Dazu gehört für uns das gemeinsame Gebet und das Bibellesen mit den Kindern. Und warum sollte das gerade am Heiligen Abend fehlen? Wir haben als Familie den Wunsch, Jesus Christus gerade an seinem Geburtstag zu ehren und ihm zu danken für all das Gute und Schöne, das wir mit ihm Tag für Tag erleben.

Vom Sinn des Schenkens
Vielleicht wundern Sie sich auch über die vielen Geschenke, von denen die Rede war. Passen denn viele Geschenke zu einer sinnvollen Weihnachtsfeier?
Bei uns sind Geschenke, egal, zu welchem Anlass, eine besondere Freude. Das hängt damit zusammen, dass wir für uns einen einfachen Lebensstil gewählt haben und uns im Laufe des Jahres nicht alles leisten, was jeder sich wünscht oder auch gut gebrauchen könnte. Warten und Verzichten-Können halten wir für eine wichtige Tugend, und wir möchten, dass unsere Kinder es lernen. So bekommen die Geschenke an Weihnachten ihre besondere Bedeutung. Es wird dementsprechend auch viel Nützliches geschenkt, wie Kleidung, Wäsche, Gebrauchsgegenstände u.ä. Wir schenken also keine unnützen teuren Dinge, nur weil wir ein Geschenk finden mussten. Sich gegenseitig zu beschenken drückt die Freude aus, die wir von Jesus empfangen haben und nun weitergeben möchten. Wer beschenkt wurde, schenkt

auch gerne weiter. Wir empfinden das Schenken als Vorrecht, als Zeichen der Liebe zueinander und Ausdruck der Freude.

Wir wissen, dass man auch über das Schenken zu Weihnachten sehr unterschiedlicher Auffassung sein kann. Jede Familie muss auch hier ihren Stil finden.

Unsere Hoffnung ist, dass Sie in allen Fragen einen Weg finden, die Zeit der Vorfreude und die Geburt Jesu so zu feiern, dass sie für Große und Kleine, Alte und Junge die Festzeit des Jahres wird, auf die man sich immer wieder von Herzen freut.

Wir wünschen Ihnen eine frohe und vom Frieden Gottes erfüllte Advents- und Weihnachtszeit.

Die Weihnachtsgeschichte
Lukas 2,1–20 (Gute Nachricht Bibel[4])

Jesus, der Retter, wird geboren

Zu jener Zeit ordnete Kaiser Augustus an, dass alle Menschen in seinem Reich gezählt und für die Steuer erfasst werden sollten. Diese Zählung war die erste und wurde durchgeführt, als Quirinius Statthalter der Provinz Syrien war. Und alle gingen hin, um sich einschreiben zu lassen, jeder in die Heimatstadt seiner Vorfahren.

Auch Josef machte sich auf den Weg. Aus Galiläa, aus der Stadt Nazaret, ging er nach Judäa in die Stadt Davids, nach Betlehem. Denn er stammte aus der Familie von König David. Dorthin ging er, um sich einschreiben zu lassen, zusammen mit Maria, seiner Verlobten; die war schwanger.

Während sie dort waren, geschah es, dass für Maria die Zeit der Entbindung kam. Sie gebar ihren Sohn, den Erstgeborenen, wickelte ihn in Windeln und legte ihn in eine Futterkrippe im Stall. Denn in der Herberge hatten sie keinen Platz gefunden.

In jener Gegend waren Hirten auf freiem Feld, die hielten Wache bei ihren Herden in der Nacht. Da trat der Engel des Herrn zu ihnen, und die Herrlichkeit des Herrn umstrahlte sie, und sie fürchteten sich sehr. Aber der Engel sagte zu ihnen: »Habt keine Angst! Ich habe eine große Freudenbotschaft für

euch und für das ganze Volk. Heute ist euch der Retter geboren worden, in der Stadt Davids: Christus, der Herr! Und dies ist das Zeichen, an dem ihr ihn erkennt: Ihr werdet ein neugeborenes Kind finden, das liegt in Windeln gewickelt in einer Futterkrippe.«
Und plötzlich war bei dem Engel ein ganzes Heer von Engeln, all die vielen, die im Himmel Gott dienen; die priesen Gott und riefen: »Groß ist von jetzt an Gottes Herrlichkeit im Himmel; denn sein Frieden ist herabgekommen auf die Erde zu den Menschen, die er erwählt hat und liebt!«

Als die Engel in den Himmel zurückgekehrt waren, sagten die Hirten zueinander: »Kommt, wir gehen nach Betlehem und sehen uns an, was da geschehen ist, was Gott uns bekannt gemacht hat!«
Sie liefen hin, kamen zum Stall und fanden Maria und Josef und bei ihnen das Kind in der Futterkrippe. Als sie es sahen, berichteten sie, was ihnen der Engel von diesem Kind gesagt hatte. Und alle, die dabei waren, staunten über das, was ihnen die Hirten erzählten. Maria aber bewahrte all das Gehörte in ihrem Herzen und dachte immer wieder darüber nach.

Die Hirten kehrten zu ihren Herden zurück und priesen Gott und dankten ihm für das, was sie gehört und gesehen hatten. Es war alles genauso gewesen, wie der Engel es ihnen verkündet hatte.

Kleine Geschenke
und große Geheimnisse

Schon Kinder ab drei oder vier Jahren sind nicht nur gespannt, was sie wohl selbst zu Weihnachten geschenkt bekommen werden, sondern machen sich auch schon Gedanken darüber, was sie wohl anderen Menschen schenken könnten. Da kommt es manchmal zu lustigen Szenen, wenn die Mutter nicht nur helfen soll, ein Geschenk für die Oma zu basteln, sondern gleich auch noch die Fäden an dem Stickbild vernähen darf, das für sie selbst bestimmt ist …

Auch Schenken will gelernt sein. Gerade in der Weihnachtszeit können wir viel dazu beitragen, dass unsere Kinder sich einmal fragen, was ihre Eltern, Großeltern, Geschwister oder Nachbarn sich wohl wünschen, was ihnen fehlt, worüber sie sich besonders freuen würden. Dabei werden die Kinder feststellen, dass es um Einfühlungsvermögen, Kreativität und Phantasie geht, das heißt: nicht (nur) um Geld und nicht um eine Perfektion, die nur mit Maschinen zu erreichen ist. Es gibt jede Menge guter Geschenkideen, die Freude machen und nichts oder nicht die Welt kosten. Wir möchten hier nur einige als Anstoß für eigene Überlegungen weitergeben:

Adventsfenster

Warten – sich vorbereiten – Tag für Tag dem großen Fest etwas näher kommen: Was eine Familie im Advent gemeinsam erlebt, kann auch in einem Adventsfenster, das alle zusammen gestalten, sichtbar werden.

Ein nicht zu großes Fenster der Wohnung, vielleicht ein Kinderzimmer- oder ein Küchenfenster, wird mit weißem Klebeband in 24 Kästchen eingeteilt. Diese Kästchen müssen nicht gleich groß sein; ein Fenster mit ganz unregelmäßiger Aufteilung kann sehr hübsch aussehen.

Jeden Tag, z. B. bei der abendlichen Adventsfeier, überlegt nun die Familie, was sie in eines der Kästchen kleben oder mit Fensterfarbe malen möchte. Das kann ein Strohstern sein, ein Tannenbaum aus Tonpapier, ein Engel aus Goldfolie, ein Zettel mit einem Liedvers oder einem kleinen Gedicht, in bunten Farben oder mit einem Goldstift geschrieben, der Nikolausstiefel in kräftiger Fensterfarbe … Und während der Schokoladen-Kalender immer leerer wird, füllt sich das Adventsfenster von Tag zu Tag. Das macht nicht nur denen Freude, die sich täglich etwas Neues ausdenken, sondern auch allen, die als Nachbarn oder Passanten die Verwandlung des Fensters von außen betrachten.

Bilderrahmen

Großeltern, Paten, Tanten und Onkel freuen sich immer über ein aktuelles Bild der Familie oder des Kindes. Es gibt verschiedene Materialien, aus denen man einen Rahmen selbst basteln kann.

Wenn man eine ganze Serie schöner Fotos hat, kann man Fotokarton so falten, dass ein Leporello entsteht (in Art einer Ziehharmonika) und je ein Foto auf ein Feld kleben. Wer will, kann die einzelnen Rahmen auch noch farbig gestalten.

Advent und Weihnachten in der Familie

Kerzen

Kerzen kann man nicht nur kaufen, sondern auch selbst gießen. Außerdem gibt es im Bastelgeschäft dünne Wachstafeln in verschiedenen Farben, mit denen man einfache weiße Haushaltskerzen verzieren kann. Das ist nicht schwer; die Wärme der Hände reicht, um das Wachs auf die Kerze zu „kleben".

Kalender

Ein selbst gebastelter Kalender für das bald beginnende neue Jahr macht vielen Menschen Freude. „Blanko-Kalender" gibt es im Schreibwarenhandel und in Bastelläden. Zeichnungen, Fotos, gepresste Blätter, ein Gutschein, ein Stern aus Transparentpapier oder

Ähnliches zieren die einzelnen Monatsblätter. Zwölf Seiten zu gestalten ist oft zu viel für ein einzelnes Kind. Hier können Geschwister oder die ganze Familie zusammenarbeiten.

Kleine Geschenke und große Geheimnisse

Briefpapier

Briefpapier und Briefkarten – nicht nur für die Weihnachtspost, sondern auch zum Verschenken – stellen viele Kinder gern selbst her. Ältere Kinder „basteln" hier wohl am liebsten am Computer. Für jüngere gibt es von farbigem Sand bis zu buntem Geschenkpapier, aus dem Collagen geklebt werden, fast nichts, was sich nicht verwenden ließe.

Ein Mobile mit goldenen Sternen, die Weihnachtsgeschichte, winzig klein als Leporello gemalt und in einer verzierten Streichholzschachtel überreicht ... so vieles macht zweimal Freude: beim Herstellen und beim Verschenken.

Kleine Geschenke und große Geheimnisse

Teil 2

Weihnachtsgeschichten
zum Vorlesen

Karl Wanner

Eine Weihnachtslegende[5]

Vorlesedauer: ca. 4 Minuten

Es lebte in der Gegend von Bethlehem ein reicher Bauer; denn ihm gehörten alle Herden auf dem Berge. In jener Nacht, als die Engel seinen Hirten die Botschaft gebracht hatten, dass unten in einem armen Stalle der Erlöser geboren sei, lag der Bauer schon weich im warmen Bette. Aber der helle Schein, der vom Himmel kam, weckte ihn auf. Als er zu seinem Erstaunen die Hirten auf dem Wege vorbeigehen hörte, riss er zornig das Fenster auf und schrie hinunter: „Was ist los? Was fällt euch ein, von der Herde fortzulaufen?" Obwohl ihm die Hirten bisher immer willig gehorcht hatten, blieben sie heute nicht einmal stehen. Sie gingen weiter, als hätten sie ihn gar nicht gehört. Ihre Gesichter glänzten, als wäre ihnen ein besonderes Glück widerfahren, und voll Freude sprachen sie miteinander. Als der reiche Bauer ihnen nachhorchte, vernahm er aus ihren Worten etwas ganz Unglaubliches. Die alten Hirten sprachen davon, dass in dieser Nacht der Erlöser geboren worden ist.
Das alles kam dem Bauern so seltsam vor, dass er aufstand, um den Hirten nachzufolgen. „Wenn es wirklich wahr sein sollte", dachte er, „dass heute Nacht der Erlöser geboren ist, muss ich meinen schönen Pelzrock anziehen und die neue Samtkappe aufsetzen, denn ich muss doch zeigen, wer ich bin." Und er zog den schönen, kostbaren Pelzrock an, setzte die neue Samtkappe auf und folgte den Hirten nach.

Es war eine kalte Nacht. Obwohl die klaren Sterne am Himmel standen, wirbelte der Wind den Schnee hoch auf und blies ihn dem Bauern in das Gesicht. Aber sein Pelzrock hielt gut warm, und die Samtkappe tat ihm wohl. Die Fußspuren der Hirten waren verweht und nicht mehr zu finden. Das machte dem Bauern aber nichts, denn er konnte es sich nicht anders denken, als dass der göttliche Erlöser drüben im Schlosse zur Welt gekommen wäre. „Im schönsten Marmorsaal wird das göttliche Kindlein liegen", dachte er bei sich, „in einer goldenen Wiege." Wenn ich in den Saal trete, wird die Gottes-

mutter zu dem Kindlein sagen: „Siehst du, das ist der reiche Bauer."
Er klingelte am Schlosstor. Aber es blieb alles still. „Wenn es nicht im Schloss zu finden ist", überlegte er, „kann es nur unten im Dorfe zur Welt gekommen sein." So stieg er denn in das Dorf hinunter.

Der Wind blies noch ärger als zuvor. Aber in seinem dicken Rock und mit seiner guten Kappe war ihm wohlig warm. Die Straßen waren still und leer. Umso merkwürdiger kam es ihm vor, dass er auf dem Dorfplatze beim Brunnen ein junges Bettelweib stehen sah, armselig bekleidet, ein Kindlein auf den Armen. „Was geht mich dieses Weib an?", dachte der reiche Bauer und wollte eilig daran vorübergehen. Da blickte ihm das Kindlein mitten in das Gesicht und streckte die nackten Ärmchen nach ihm aus. Er sah, wie das Kindlein vor Kälte zitterte. Zu anderer Zeit hätte ihn das nicht gerührt. Aber in dieser Nacht war alles anders als sonst. Er blieb stehen, zog seine warme Kappe herab und schob sie dem Kindlein zu. Die Kappe war groß genug, damit sich das Kind einhüllen konnte. „Das göttliche Kind wird mich, den reichen Bauern, auch ohne Kappe gerne sehen", dachte er; „es ist ohnedies nicht fein, wenn man im Saal die Kappe auf dem Kopfe lässt. Außerdem zeigt ja mein schöner Pelzrock, wer ich bin."
So ging er vor das schönste Haus und klingelte. Aber im großen Saal waren alle Fenster finster und niemand tat ihm auf. „Vielleicht ist das göttliche Kind doch nicht zur Welt gekommen", dachte er. „Vielleicht liegt es drüben beim Wirt in der Stube." So machte er sich auf den Weg und ging hinüber zum Wirt.
Er musste noch mal über den Dorfplatz und kam noch einmal beim Brunnen vorbei. Plötzlich stand die arme Bettlerin mit dem Kindlein wieder da. Er sah, wie sich die Frau vor Kälte kaum aufrecht halten konnte. Zu einer anderen Zeit wäre ihm das gleichgültig gewesen und er wäre vorübergegangen, ohne sich um die Frau zu kümmern. Doch in dieser Nacht ging es ganz merkwürdig zu, so dass er den schönen, warmen Pelzrock auszog und ihn der Frau um die Schultern legte. „Das göttliche Kind wird mich wohl auch ohne meinen Pelzrock gerne sehen. Das macht ja nicht viel aus, wenn ich nicht so fein ausschaue. Die Hauptsache ist doch, dass ich das Kindlein endlich finde."
Der reiche Bauer sah nun tatsächlich nicht viel anders aus als ein armer Hirte, und es fror ihn arg. Als er drüben beim Wirtshaus klingelte, fuhr ihn der Wirt grob an, denn er erkannte ihn nicht und glaubte, es wäre ein Bettelmann. Er schrie: „Von einem Kind weiß ich nichts. Könnte sein im Stall draußen. Dort sind heut' Bettelleut' über Nacht." Und schlug sein Fenster zu.

Da ging der Bauer hinaus in den Stall. Als er die Stalltüre behutsam öffnete, sah er die Hirten vor dem Kripplein knien und beten. Da bemerkte er eine Frau, und als er genauer hinsah, war es die arme Bettelfrau, die er auf dem Dorfplatz gesehen hatte. Hatte sie da nicht seinen Pelzrock um die Schultern? Jetzt sah er auch das kleine Kindlein in der Krippe liegen. Und richtig, es war mit seiner neuen Samtkappe umhüllt. Da wusste der Bauer, dass er das göttliche Kind gefunden hatte, und beugte seine Knie und betete mitten unter den Hirten, als wäre er der Ärmste unter ihnen.

Renate Schupp

Der Engel mit dem Gipsarm[6]

Vorlesedauer: ca. 4 Minuten

Jetzt will ich euch mal erzählen, wie Dang Fratzer einmal einen Weihnachtsengel spielte.
Dang Fratzer geht in die dritte Klasse zu Frau Timm. Aber er sieht anders aus als die anderen Kinder. Seine richtigen Eltern waren Vietnamesen. Dang ist in Vietnam geboren. Das ist ein ganz fernes Land auf der anderen Seite der Erde.
Als Dang zur Welt kam, wütete dort gerade ein schrecklicher Krieg. Niemals möchte ich einem Kind wünschen, dass es in einem Land zur Welt kommt, in dem gerade Krieg ist. Etwas Schlimmeres kann man sich nicht denken. Dangs Eltern und alle seine Geschwister und Verwandten wurden von Soldaten getötet. Nur er allein blieb übrig.
Zum Glück war Dang noch ganz klein und begriff nichts. Jemand brachte ihn in ein Waisenhaus. Und eines Tages fuhr er mit anderen Waisenkindern auf einem Schiff nach Deutschland und kam in ein Kinderheim hier in unserer Stadt.
Dort sahen ihn Fratzers. Sie hatten ihn gleich so lieb, dass sie ihn mit zu sich nach Hause nahmen und später adoptierten. Fratzers haben keine eigenen Kinder. So ist Dang ihr Kind geworden. Er sagt Papa und Mama zu Herrn und Frau Fratzer und ist ebenso gut deutsch wie jedes andere Kind in der Straße.
Von Vietnam und vom Krieg weiß er nichts mehr. Nur nachts hat er manchmal schlimme Träume. Dann schlägt er um sich und schreit. Aber am Morgen hat er alles vergessen und ist wieder vergnügt.

Als Frau Timm nach den Herbstferien anfing, mit der Klasse ein Krippenspiel einzuüben, wollte Dang unbedingt den Verkündigungsengel spielen. Der Verkündigungsengel – das ist der, der den Hirten auf dem Feld die Geburt des Jesuskindes verkündet.
Die ganze Klasse lachte, als Dang sich dafür meldete. Und Marion Holzapfel, die unter allen Umständen selber den Engel spielen wollte, rief: „Quatsch! Ein Junge kann doch kein Engel sein!"

„Kann er doch!", antwortete Dang eigensinnig. „Schließlich heißt es *der* Engel!"

Und am anderen Tag kam er an und verkündete: „Mein Papa sagt, in der Bibel sind die Engel überhaupt immer nur Männer und haben Männernamen."

„Aber sie sehen nicht vietnamesisch aus!", rief Marion. „Sie haben helle blonde Haare und eine liebliche Stimme."

Das mit der Stimme sagte sie, weil Dang eine raue, brummelige Stimme hat.

Aber am nächsten Tag meldete sich Dang wieder und erklärte: „Mein Papa sagt, in den biblischen Geschichten steht gar nichts davon, wie Engel aussehen und was sie für Stimmen haben."

„Das stimmt", gab Frau Timm zu. „Da hat dein Papa Recht."

Und um die Sache endlich zu entscheiden, machte sie zwei Loszettel – einen leeren und einen, auf dem ‚Engel' stand. Sie ließ Dang und Marion ziehen. Und es war Dang, der gewann. Marion zog den leeren Zettel und sollte bei den himmlischen Heerscharen mitsingen, weil sie eine liebliche Stimme hat. Sie war so enttäuscht!

Dang aber war der eifrigste Verkündigungsengel, der jemals in der Kirche herumgeschwebt war. Ja, es sah wirklich fast so aus, als ob er schwebte, wenn er in dem weißen Gewand, das seine Mutter ihm genäht hatte, hinter dem Altar hervortrat und mit hoch gereckten Armen die himmlische Botschaft verkündete.

Doch eines Tages kam er zur Probe und hatte den linken Arm in Gips. Stellt euch vor, er hatte heimlich vom Garagendach aus ‚Fliegen' geübt, weil er dachte, es wäre nützlich für einen Engel, wenn er wenigstens ein ganz klein wenig fliegen konnte. Leider war er bei der Landung so ungeschickt aufgekommen, dass er sich den Arm gebrochen hatte. Frau Timm hörte sich die Geschichte an und schüttelte bekümmert den Kopf.

„Ich kann mir ja wirklich alle möglichen Arten von Engeln vorstellen", sagte sie, „Jungen oder Mädchen, schwarz oder weiß oder vietnamesisch. Aber einen Engel mit einem Gipsarm? Wie willst du denn nun die Arme ausbreiten, wenn du den Hirten die Botschaft verkündest?"

Marion Holzapfel kam herbeigestürzt und rief: „Jetzt kann Dang nicht mehr der Engel sein, nicht wahr, er kann kein Engel mehr sein?"

Aber Dang schob sie zur Seite und sagte zu Frau Timm: „Mein Papa sagt, es kommt nicht darauf an, ob ein Engel die Arme ausbreiten kann oder nicht. Es kommt auf die Botschaft an. Und die kann ich ja sagen!" Und er riss den Mund auf und ließ die Backenmuskeln spielen, damit jeder sehen konnte, wie gut sein Mund in Ordnung war. Frau Timm seufzte. „Na schön", sagte sie. „Aber pass gut auf, dass dir bis zur Aufführung nicht noch ein Zahn herausfällt." Das versprach Dang.

So geschah es, dass in diesem Jahr der Verkündigungsengel schwarze struppige Haare hatte, vietnamesisch aussah und den linken Arm in der Schlinge trug. Die Leute, die am Heiligen Abend in die Kirche kamen und sich das Krippenspiel anschauten, wunderten sich ein wenig darüber. Manche dachten wohl, er sei noch gar nicht der richtige Verkündigungsengel. Aber dann erhob er seine Stimme und sagte: „Fürchtet euch nicht! Siehe ich verkündige euch große Freude, die allem Volke widerfahren wird; denn euch ist heute der Heiland geboren, welcher ist Christus, der Herr, in der Stadt Davids."
Da begriffen die Leute, dass alles seine Richtigkeit hatte.

Weihnachtsgeschichten zum Vorlesen

Philipp Yancey

Das Friedenskind[7]

Vorlesedauer: ca. 20 Minuten

Als Yae begann, die mit Wein bewachsene Leiter hinunterzuklettern, fing seine Frau an zu jammern: „Warum gehst du so oft zu den Haenam? Fühlt sich dein Herz dort nicht beschwert?"
Yae hörte nicht auf sie und setzte seinen Weg fort. Gegen Mittag erreichte er mit seinem Kanu den schmalen Fluss, der in das Gebiet der Haenam führte.
Seine Augen streiften über die Büsche am Ufer. Dort hing er – der Schädel eines unglücklichen Kriegers. Seine Augenhöhlen waren mit leuchtend roten Samen gefüllt, eingebettet in schwarzen Baumgummi – eine Warnung für die Feinde der Haenam. Yae lächelte, als er sich daran erinnerte, wie sich bei diesem Anblick sein Haar gesträubt hatte, als er die Haenam vor sieben Monaten zum ersten Mal besuchte.
Kauwan, ein Stammesgenosse der Haenam, hatte Yae eingeladen. Kauwan hatte erklärt, sie brauchten Verbündete auf der westlichen Seite ihres Gebietes, nachdem ein anderer Stamm ihre östlichen Grenzen unsicher machte. Yaes Stamm – die Maum – hatten auch Probleme an den Grenzen. Yae hatte schnell erkannt, dass eine Freundschaft mit den Haenam eine friedliche Ernte der Sagopalmen sichern würde, die zwischen beiden Dörfern wuchsen. Die Haenam und die Maum würden vielleicht sogar zusammen Truppen gegen die anderen Dörfer aufstellen.
Jetzt machte Yae seinen elften Besuch bei den Haenam. Er war überhaupt nicht misstrauisch. Er kannte die meisten Männer der Haenam mit Namen und vertraute ihnen wie seinen eigenen Stammesgenossen. Sicher würden sie seine Einladung annehmen und an einem Tanzfest der Maum teilnehmen, das die ganze Nacht lang dauern sollte. – Und dann würden sie Pläne machen, wie sie den gemeinsamen Feind berauben könnten.

Wie gewöhnlich begrüßte ihn Kauwan am Ufer des Flusses und führte ihn hinauf in das Männerhaus. Man setzte sich in einem Kreis um ihn herum. Die Unterhaltung war freundlich wie bei den anderen Besuchen. Nach einem gemeinsamen Essen sprach Yae seine Einladung aus.

Zwölf Männer sagten zu. Sie reichten ihm ein Stück Schnur und baten ihn, Knoten in die Schnur zu knüpfen, die der Anzahl der Tage bis zum Fest entsprachen. Die mussten sie dann nur abzählen. Als Yae sich nach vorn beugte, um die Knoten zu schlagen, wurde ein Signal gegeben. Einer schob langsam seine Hand unter die Grasmatte, auf der er saß, und zog einen Knochendolch hervor. Drei andere Männer standen auf, als ob sie sich strecken wollten, und zogen aus einem Versteck über ihren Köpfen Speere hervor. Während sie sich gegenseitig angrinsten, richteten sie vergiftete Pfeile auf den ahnungslosen Yae. Der merkte noch nichts. Kauwan hatte sich nicht bewaffnet. Er war sitzen geblieben und unterhielt sich weiter mit ihm.

Plötzlich merkte Yae, wie es dunkler um ihn wurde und immer stiller. Er erschrak und sah jetzt die Waffen. Aber noch mehr entsetzte er sich vor den Augen seiner Gastgeber. Darauf hatten diese Männer monatelang gewartet, auf den Wechsel im Gesichtsausdruck von Yae. Sie weideten sich daran, wie sein vertrauensvoller Blick einem namenlosen Entsetzen wich. Sie beobachteten mit teuflischer Freude seine zunehmende Verzweiflung. In den kommenden Monaten würden sie sich darin übertreffen, einander zu schildern, wie sich Yaes Augen öffneten, wie seine Lippen zitterten und sein Körper in kalten Schweiß ausbrach. Als Yae erstarrt dasaß, hörte er, wie eine grausame Stimme ihm ins Ohr zischte: „Tuwi asonai makaerin!" („Wir haben dich mit Freundschaft gemästet vor dem Schlachten!")

Diese drei Worte bezeichneten die Grundhaltung der Sawi. Sie charakterisierten ihre Lebenseinstellung: die Idealisierung des Verrats an einem Außenstehenden. Yae begriff, dass diese Männer vom ersten Augenblick darauf aus gewesen waren, ihn zu töten. Da sie aber sicher waren, dass er immer wiederkehren würde, hatten sie ihre Exekution hinausgezögert. Wenn man ihn gleich umgebracht hätte, wäre das nur ein ganz gewöhnlicher Mord gewesen. Jeder hätte das tun können, der im Verrat-Üben nicht ausgebildet war. Aber eine Freundschaft über Monate vorzutäuschen und dann mit einem Mord zu beenden, das war hohe Kunst. Von solchem Verrat erzählten viele Sawi-Legenden.

Warum war er nur jemals zu den Haenam gegangen? Weil er Kauwan vertraute. Yae schrie auf: „Kauwan, beschütze mich!" Aber Kauwan antwortete langsam und sarkastisch: „Ich habe ihnen immer gesagt, dass das böse ist, aber Mahaen hier hat mir seine Tochter zur Frau versprochen. Zu dumm für dich, mein Freund."

Und dann brachten sie ihn um. Langsam und grausam. Man muss das wissen, um verstehen zu können, wie ein Sawi lebt und denkt.

So geschah es, dass Don Richardson und seine Frau Carol, zwei junge kanadische Missionare, unter all den Indianerstämmen in der Welt gerade den Sawi-Stamm der Haenam auswählten, um zum ersten Mal in einem anderen Kulturkreis zu arbeiten. Sie erreichten den entlegenen Dschungel-Außenposten in Neuguinea nach einer anstrengenden Reise mit dem Motorboot und dem Kanu. Don hatte schon viel von den Sawi gehört. Er wusste, dass sie Kopfjäger waren, dass sie ihre Feinde „aßen" und dass Regierungsinspektoren und die Leute von den Ölgesellschaften den Weg durch dieses Gebiet vermieden. Aber noch nicht einmal die Furcht erregenden Warnungen hatten die Grausamkeit dieses Stammes tatsächlich beschreiben können.
Für die Sawi war Grausamkeit keine „Verirrung", im Gegenteil, sie bildete den Höhepunkt ihrer Kultur, das Ideal, wonach alle strebten. „Bei den Sawi", berichtete Richardson, „beginnt das Training für den Krieg in der frühen Kindheit. Das Kind wird dazu erzogen, sich ständig zu rächen, wenn es verletzt oder beleidigt wird. Ein Beispiel geben die Eltern, die gegen jeden, der sie angreift, gewalttätig Vergeltung üben. Dazu kommen die oft erzählten Geschichten und Legenden, die den Verrat rühmen."

Nach den ersten, unbehaglichen Wochen stellte Don fest, dass er und seine Frau Carol völlig sicher waren. Die Sawi betrachteten sie als geschätzte Außenseiter, die für einen ständigen Vorrat von Rasierklingen, Äxten und Spiegeln sorgten. Die Richardsons wurden tatsächlich so beliebt, dass drei feindliche Dörfer, voll kriegerischer Stammesgenossen, ihr Lager um das Haus der Richardsons aufschlugen. Damit aber fingen die Probleme an. In den ersten zwei Monaten zählte Don allein 14 blutige Kämpfe, die in Sichtweite seines Hauses ausgefochten wurden. Reihen von Kriegern standen sich Auge in Auge gegenüber. Sie waren Meister im Speerwerfen. Sagte ein Dorfbewohner auch nur ein mürrisches Wort gegen einen Krieger eines anderen Dorfes, war das schon Anlass für eine kämpferische Auseinandersetzung.
Nach fünf Monaten machte Don Richardson Inventur. Er hatte Dutzende schlimmer Verletzungen behandelt, hatte Hunderte von Penicillinspritzen verabreicht, hatte um Frieden geschrien, bis seine Kehle heiser war. Er hatte gebetet bis tief in die Nacht und war sogar unbewaffnet durch die Reihen der Speerwerfer gerannt und hatte sie angefleht, sich zu versöhnen. Aber nichts hatte deren Denken und Leben

beeinflussen können. Es war durch Jahrhunderte von Kriegen geprägt worden.

Wenn Don an ihr Gewissen appellierte, sahen sie ihn erstaunt an. Sie verstanden es einfach nicht, wenn er ihnen das Böse der Grausamkeit begreiflich machen wollte. Das gerade besaß doch den höchsten Stellenwert in ihrem Leben.

Richardson hatte sich bemüht, den Sawi die christliche Botschaft zu vermitteln. Er hatte die Geschichte von Gottes wunderbarer Schöpfung aufgezeichnet und erklärt, wie das Böse in die Welt kam. Und an einem Abend, als er mit ihnen im verrauchten Männerhaus saß, erzählte er ihnen von dem Erlöser Jesus Christus. Wie Gott bereits im Alten Testament verheißen hatte, dass er geboren wurde, und wie er lebte. Er beschrieb, was für ein wunderbarer Mensch Jesus gewesen war, der einzige, der jemals vollkommen war. Und dass er Gottes Sohn

Weihnachtsgeschichten zum Vorlesen

wäre. Anstelle der gewohnten ruhigen Aufmerksamkeit zeigten die Männer bei diesem Bericht geradezu Langeweile.
Nacht für Nacht versuchte Richardson, seinen Wortschatz der Sawi-Sprache zu erweitern, um diese Menschen für Jesus zu begeistern. Aber er erschien ihnen zu unbedeutend. Wie konnte man Achtung vor einem nicht-gewalttätigen Helden haben!
Nur einmal erlebte Richardson bei seinen Erzählungen eine erstaunliche Reaktion. Während er den Verrat des Judas Ischarioth an Jesus beschrieb, hörten plötzlich alle Krieger gebannt zu, in ihrer Hockstellung nach vorn gebeugt. Richardson wunderte sich: War die Botschaft vom Tod Jesu durchgebrochen? Angefeuert durch ihr Interesse, beschrieb er genau, wie Judas drei Jahre lang als Schüler Jesu mit ihm umhergezogen sei und wie er ihn schließlich verraten hätte. Niemand hätte damals geahnt, dass der Verräter aus dem vertrauten Kreis der Jünger Jesu kommen würde. Und doch hatte Judas den Verrat kühl und unbeteiligt geplant.
Mahaen konnte sich kaum beherrschen. Er stieß einen wilden Vogelschrei aus, um seiner Bewunderung Ausdruck zu geben. Andere berührten ihren Brustkorb vor Ehrfurcht – so bewunderten sie diese Tat. Einige schnalzten vor Aufregung mit den Zungen. Richardson saß still da, verwirrt durch diese Reaktion. Plötzlich verstand er und erschrak zutiefst: Sie erklärten Judas zum Helden der Geschichte. Sie hatten den richtigen Punkt überhaupt nicht verstanden. Für sie war Judas eine Art Super-Sawi, der sogar den Sohn Gottes überlistet hatte.

Je mehr Richardson darüber nachdachte, desto mehr wurde ihm klar: Seine Mission bei den Sawi war missglückt. Sein Auftrag verfehlt. Und so hielt er den Männern – getrennt nach den Stämmen Haenam und Kamur – zwei Ansprachen:
„Da es offensichtlich nicht möglich ist, dass ihr in Frieden miteinander lebt, müssen meine Frau und ich euch verlassen. Wenn wir hier bleiben würden, wäre es doch nur eine Zeitfrage, bis noch mehr Männer umgebracht würden. Und dann würdet ihr in eine Blutfehde verwickelt werden, die bestimmt noch mehr Leben kosten würde."
Seine Worte lösten aufgeregte Diskussionen aus. Bis in die Nacht hinein konnten er und seine Frau Carol die aufgeregten Verhandlungen hören. Mitten in der Nacht wurde er durch eine Delegation der Stammesführer herausgebeten: „Verlasst uns nicht", baten sie ihn. „Morgen werden wir Frieden machen." Richardson, nicht überzeugt, ging wieder ins Haus. Aber am nächsten Morgen erlebte er eine dramati-

sche Zeremonie, die ein neues Fenster in der Kultur der Sawi aufstieß. Richardson beschreibt:

„Als die Morgenröte kam und ihr Licht über die Häuser, den Dschungel und den schimmernden Fluss warf, war es tödlich still. So still wie sonst nur vor einem Kampf. Man hörte lediglich einige Tierlaute. Dann sahen wir, wie der Krieger Mahaen und seine Frau aus ihrem Langhaus in Haenam herunterkletterten und auf das Dorf Kamur zugingen. Andere kamen dazu und blieben still stehen. Mahaen trug ein Kind – einen seiner Söhne – auf dem Rücken. Seine Frau Syado schluchzte heftig. Ebenso stiegen die Leute von Kamur aus ihren Langhäusern. Hunderte von Augen verfolgten das Vorgehen von Mahaen und seiner weinenden Frau. Als Syado die Bewohner von Kamur erblickte, fing sie an zu zittern, riss plötzlich ihren kleinen Sohn von den Schultern ihres Mannes und rannte mit ihm zurück nach Haenam. Dabei schrie sie laut."

Weihnachtsgeschichten zum Vorlesen

Auch die anderen Haenam-Frauen drückten ihre Babys an die Brust und schrien vor Furcht. Männer begannen hin- und herzulaufen. Das Dorf befand sich in einem Aufruhr. Don beschreibt weiter: „Auf einmal sah ich, wie ein kräftiger Mann aus Kamur mit den Namen Kaiyo in sein Langhaus kletterte und gleich danach wieder herauskam, mit einem Säugling in den Armen. Es war sein sechs Monate alter Sohn. Die Mutter hatte es zunächst nicht bemerkt, aber als sie es entdeckte, schrie sie auf und rannte hinter ihm her. Das Baby war ihr einziges Kind. Aber Kaiyo sah sich nicht um. Bald erreichte er die wartende Menge zwischen den Langhäusern der Haenam. Mit einem herzzerreißenden Schrei brach seine Frau zusammen. Ich drehte mich zu Carol um und sah, wie sie unseren Sohn Stephen fest in ihren Armen hielt."

Kaiyos Brust hob und senkte sich vor Aufregung. Er liebte sein Kind. Die führenden Männer von Haenam standen vor ihm und betrachteten erwartungsvoll das Baby. Kaiyo musterte prüfend die Reihe seiner Feinde und schrie dann: Mahaen! Wirst du das Versprechen der Kamur unter deinen Leuten vertreten? „Ja", antwortete Mahaen, „das werde ich."
„Dann gebe ich dir meinen Sohn und mit ihm meinen Namen", sagte Kaiyo. Und er hielt ihm das Baby hin. Mahaen nahm es vorsichtig in die Arme. Die Aufregung der Menge kannte keine Grenzen. Mahaen verschwand. Dann kam er wieder und hielt ein anderes seiner Kinder hoch, auch einen kleinen Jungen, und rief: „Kaiyo! Wirst du das Versprechen der Haenam unter deinem Volk vertreten?" „Ja", erwiderte Kaiyo und nahm das Kind. – „Dann gebe ich dir meinen Sohn und mit ihm meinen Namen."

Als Kaiyo das Baby wegbrachte, rief Mahaen die Bewohner von Haenam auf: „Diejenigen, die dieses Kind als eine Grundlage des Friedens anerkennen, sollen kommen und ihre Hände darauf legen!
Jung und Alt stellten sich eifrig hinter Mahaen auf und legten, einer nach dem anderen, die Hände auf Kaiyos Sohn. So beschlossen sie die Annahme des Friedens mit Kamur. Die gleiche Zeremonie fand in Kamur statt, sobald Kaiyo mit dem Kind von Mahaen zurückkehrte.
Die beiden Kinder wurden dann in die jeweiligen Männerhäuser hinaufgetragen und für die Festlichkeit der Friedenszeremonie geschmückt.
Don Richardson erfuhr, dass jeder seinen Sohn als Friedenskind gegeben hatte. Ein junger Sawi erklärte ihm auf die Frage, warum das

nötig sei: „Sie haben uns doch aufgefordert, Frieden zu machen. Wissen Sie denn nicht, dass das unmöglich ist ohne ein Friedenskind? Wenn ihr von der Welt dort draußen nie Kriege gegeneinander führt, dann braucht ihr vielleicht keine Friedenskinder. Aber wir Sawis kämpfen die ganze Zeit. Wir müssen ein Friedenskind haben."
Und Don fuhr fort: „Wenn ich gewusst hätte, dass mein Ruf nach Frieden Väter veranlassen würde, ihre Kinder wegzugeben, Mütter in Trauer und Verzweiflung zu stürzen und Babys ihrem Zuhause zu entreißen – was hätte ich gewählt? Ich wusste keine Antwort. Aber 300 Sawis hatten ihre Hände auf ein Friedenskind gelegt, und sie sangen und lachten. Und in meinem Unterbewusstsein begann eine kleine Glocke zu läuten."

Es dauerte noch einige Zeit, bis Richardson die volle Bedeutung der Zeremonie begriff. Den Friedenskindern wurde kein Schaden zugefügt, und beide Dörfer würden den Frieden respektieren, solange diese Kinder lebten. Und Richardson verstand die andere Seite der Sawi-Kultur – neben der Gewalt –: Freundschaft, wenn ein Mann den Feinden seinen eigenen Sohn gibt. Diesem Mann konnte man vertrauen.

Zwei Monate nach diesem Geschehen hielt er den Menschen beider Dörfer wieder eine Ansprache. Er erklärte ihnen, dass sie nicht die einzigen seien, die herausgefunden hätten, dass der Friede ein Friedenskind brauche. „Weil Gott wollte, dass die Menschen Frieden mit ihm und miteinander fänden, beschloss er, ein einmaliges Friedenskind auszuwählen, das den Frieden für immer begründen sollte. Aber wen sollte er auswählen? Welches Kind unter den menschlichen Kindern war gut und stark genug?"
„Welches Kind hat er ausgewählt?", fragte Mahaen, während er über seinem Kochfeuer an einem Stock aufgespießte Käferlarven röstete. Don fragte: „Hast du oder Kaiyo deinen Sohn oder den eines anderen gegeben?" „Wir haben unseren eigenen gegeben", antwortete Mahaen. „Genau so machte es Gott!", rief Don. Dann öffnete er seine Bibel und übersetzte aus dem Johannesevangelium in Sawi: „Also hat Gott die Welt geliebt, dass er seinen eingeborenen Sohn gab, auf dass jeder, der an ihn glaube, nicht verloren gehe, sondern das ewige Leben habe." (Johannes 3,16)
Mahaen fragte, ob das der Jesus sei, von dem Don erzählt hätte. Als Don bejahte, entrüstete sich Mahaen, dass der Judas dieses Friedenskind verraten hätte. Das dürfe man doch nicht machen! Don atmete

erleichtert auf: Endlich war Judas kein Held mehr für sie. Und er erklärte ihnen, wie Gott dieses Friedenskind Jesus für die ganze Menschheit gegeben habe. „Für euch und uns alle. Legt eure Hände auf ihn im Glauben, und sein Geist wird in eure Herzen kommen und euch auf dem Weg des Friedens halten. Wenn eure Friedenskinder, die schwach sind, euch Frieden bringen können, wie viel größer wird dann der Frieden sein, den Gottes Friedenskind bringt?"
Richardson hatte den Schlüssel gefunden. Die Sawi fingen an zu verstehen, dass sie Jesus brauchten. Obwohl sie von der christlichen Botschaft bisher nichts gewusst hatten, waren sie doch durch die Übereinstimmung in ihrer eigenen Kultur darauf wunderbar vorbereitet.

In den nächsten Monaten sprach Richardson in den Sawi-Dörfern über das Friedenskind. Die ersten vertrauten ihr Leben Jesus an. Sie wussten, dass sie durch das Bekenntnis zu Jesus mit ihrer Sawi-Tradition brachen. – Als die Richardsons blieben, erlebten sie einen zunehmenden Strom von „Umkehrern", die die vergebende Liebe Jesu annahmen.

Am Weihnachtsabend, nach ihrem ersten Jahr bei den Sawis, veranstalteten die Richardsons ein großes Fest. Dazu luden sie Sawis aus allen Dörfern ein. Das Flussufer war übersät mit leuchtend bemalten Kriegern, die schwer bewaffnet waren und jeden anderen nervös betrachteten. Im Gegensatz dazu begrüßten die Sawi-Christen ihre früheren Feinde mit einem Lächeln der Freude und Geschenken aus Käferlarven und rohem Fleisch.
Und am Abend erhob sich ein Sawi-Prediger und las den erstaunten und verwirrten Besuchern die Weihnachtsgeschichte vor: „Denn uns ist ein Kind geboren; uns ist ein Friedenskind gegeben …"

Lieselotte Hoffmann

Robertino und der Bettler[2]

Vorlesedauer: ca. 7 Minuten

Der blinde Bettler stand wie immer an der Ecke der Kirche. Er trug ein zerschlissenes Gewand, sein Rücken war gebeugt, und das silber-weiße Haar fiel ihm bis auf den Rockkragen. In der Hand hielt er eine abgegriffene blaue Seemannsmütze. Seit vielen Jahren lehnte er dort vom frühen Morgen bis zum späten Abend an der Mauer und wartete demütig auf die spärlichen Gaben der Vorübergehenden. Erst wenn die Dunkelheit einfiel, kam ein altes Weiblein, um ihn abzuholen und nach Hause zu führen.
Die Menschen, die tagsüber an ihm vorbeieilten, hatten sich an seinen Anblick ebenso gewöhnt wie an die beiden steinernen Figuren, die das Tor der Kirche schmückten. Nur wenige reichten ihm etwas, und selbst jetzt, in den Tagen vor Weihnachten, änderte sich dies kaum. Denen aber, die eine Münze in seine Kappe legten, dankte er mit einem Nicken des Kopfes und einem leisen „Vergelt's Gott".

Wenn Robertino aus der Schule kam, setzte er sich oft auf die Stufen des Brunnens, der in der Mitte des Platzes gegenüber jener Kirche stand, denn er hatte es niemals eilig. Er blickte auf die Tauben, die sich hier versammelten, auf das Gewoge der Menschen und auf den Bettler an der Kirchenecke. Es fiel ihm auf, dass die meisten den Alten gar nicht beachteten, so als sei er gar kein Mensch aus Fleisch und Blut wie sie selbst, sondern aus Stein wie die beiden Evangelisten vor dem Tore der Kirche.
Sicher müssen er und seine Familie Hunger leiden, und vielleicht wird er nicht einmal zu Weihnachten genug zu essen haben, dachte Robertino mitleidig, denn er wusste, was es hieß, abends mit leerem Magen ins Bett gehen zu müssen. Wie gern hätte er ihm eine Münze in seine blaue Kappe gelegt, wenn er nur selbst eine besessen hätte, aber Robertino war das siebente Kind eines Schusters und kaum weniger arm als jener Bettler. Und doch war er unendlich viel reicher, denn der Alte an der Kirchentür war ja nicht nur arm, sondern auch blind,

während er, Robertino, sehen konnte – den Brunnen, die Menschen, den Himmel.
In diesem Augenblick kam ihm plötzlich ein Gedanke. Rasch erhob er sich von den Stufen des Brunnens, packte seine Schultasche und ging mit ungewöhnlicher Eile nach Hause. Den ganzen Nachmittag über war er so beschäftigt, dass seine Mutter sich darüber wunderte, warum er denn heute gar nicht mit seinen Kameraden spielte.

Als er am letzten Tag vor dem Heiligen Abend von der Schule nach Hause ging und an dem Bettler vorbeikam, trat er auf ihn zu und redete ihn an.
„Wie viel hast du heute eingenommen, Giuseppe?", fragte er, denn jedermann in diesem Stadtviertel wusste, dass der Blinde Giuseppe hieß.
„Ach", antwortete dieser, „es wird wohl kaum für ein Stück Brot zum Abendessen reichen."
„Und am Heiligen Abend wird es dir wohl auch nicht besser gehen?"
„Ich glaube kaum", bestätigte der Blinde.
„Das ist traurig", meinte Robertino, „auch ich kann dir leider nichts geben, denn ich besitze selbst nichts, aber vielleicht kann ich dir auf eine andere Weise helfen. Wenigstens zu Weihnachten sollst du nicht hungern."
Damit zog er aus seiner Tasche eine einfache Tafel aus Pappe, die an einer Schnur befestigt war, und legte sie dem Bettler um den Hals. Als dieser wissen wollte, was denn auf dieser Tafel zu lesen stand, die nun auf seiner Brust baumelte, war Robertino längst seiner Wege gegangen.
Aber kaum hatte er sich entfernt, bemerkte der Blinde, dass die Menschen, die sonst achtlos an ihm vorübergingen, plötzlich stehen blieben und dass eine Münze nach der anderen in seine Kappe fiel. Als der Heilige Abend sich herabsenkte, hatte der Bettler genug Geld beisammen, um sich wenigstens an diesem Tag einmal richtig satt essen zu können. Darüber war er sehr erstaunt. Was mochte der Junge wohl auf die Tafel geschrieben haben, die mit einem Mal die Aufmerksamkeit der Menschen erweckte und sie, die sonst so unbarmherzig schienen, barmherzig machte?
Er hätte Robertino gerne danach gefragt und ihm gedankt, aber wie hätte er ihn finden sollen, da er doch blind war!

Robertino aber saß auf den Stufen des Brunnens und strahlte übers ganze Gesicht. Kein noch so schönes Weihnachtsgeschenk hätte ihm größere Freude bereiten können.

Ja, was hatte Robertino eigentlich auf jene Tafel geschrieben, die solch ein Wunder in den Herzen der Menschen bewirkte und sie plötzlich sehend machte für die Not des anderen? Ach, es war ein ganz einfacher Satz, der da mit ungelenk hingemalten Buchstaben auf der Tafel zu lesen war; aber es war ein Satz, den jedermann verstand. Ich will euch verraten, welche Aufschrift die Tafel des Blinden trug. Sie lautete: „Es ist Weihnachten, der Mond geht auf, am Himmel glänzen die Sterne, und die Christbäume strahlen im Kerzenlicht, ihr könnt sie sehen – ich nicht!"

O. Henry

Das Geschenk der Weisen[5]

Vorlesedauer: 12 Minuten

Ein Dollar und siebenundachtzig Cents. Das war alles. Und sechzig Cents davon bestanden aus Pennystücken. Pennies, die man zu jeweils ein oder zwei Stück dem Krämer, Gemüsehändler oder Metzger abgehandelt hatte, bis man mit schamroten Wangen den unausgesprochenen Vorwurf der Knauserigkeit spürte, den solches Feilschen mit sich brachte. Dreimal zählte Della das Geld nach. Ein Dollar und siebenundachtzig Cents. Und morgen war Weihnachten.

Da blieb allerdings nichts anderes übrig, als sich auf die schäbige, kleine Couch zu werfen und zu heulen. Das tat Della dann auch. Was zu der philosophischen Betrachtung anreizt, dass das Leben aus Schluchzen, Seufzen und Lächeln besteht, wobei das Seufzen überwiegt.

Während die Verzweiflung der Hausfrau allmählich in das zweite Stadium abklingt, wollen wir uns das Heim betrachten. Eine möblierte Wohnung für acht Dollar die Woche. Nicht, dass sie in ihrer Armseligkeit jeder Beschreibung spottete, aber weit entfernt davon war sie sicher nicht.

An der Eingangstüre unten befanden sich ein Briefkasten, in den niemals Briefe geworfen wurden, und ein elektrischer Klingelknopf, dem kein Sterblicher je einen Laut entlocken konnte. Dazu gehörte noch eine Karte mit dem Namen „Mr James Dillingham Young".

Das ausgeschriebene „Dillingham" hatte während einer früheren Periode des Wohlstandes vornehm wirken sollen, als der Besitzer des Namens noch dreißig Dollar in der Woche bekam. Doch jetzt, da das Einkommen auf zwanzig Dollar zusammengeschrumpft war, schienen die Buchstaben des Namens „Dillingham" so verschwommen, als gedächten sie ernsthaft, sich zu einem bescheidenen und anspruchslosen „D" zusammenzuziehen. Jedes Mal aber, wenn Mr James Dillingham Young nach Hause kann und seine Wohnung betrat, wurde er von Frau James Dillingham Young, Ihnen schon als Della bekannt, „Jim" gerufen und stürmisch umarmt. So weit, so gut.

Della hörte auf zu weinen und machte sich mit der Puderquaste über ihre Wangen her. Sie stand am Fenster und sah bedrückt einer grauen Katze zu, die im grauen Hinterhof auf einem grauen Zaun entlangschlich. Morgen war Weihnachten, und sie hatte nur einen Dollar und siebenundachtzig Cents, um Jim ein Geschenk zu kaufen. Seit Monaten hatte sie jeden Penny gespart, und das war der Erfolg. Mit zwanzig Dollar in der Woche kommt man nicht weit. Die Ausgaben waren größer gewesen, als sie gerechnet hatte. Sie sind es ja immer. Nur ein Dollar siebenundachtzig, um ein Geschenk für Jim zu kaufen. Für ihren Jim. Manch glückliche Stunde hatte sie damit verbracht, sich etwas Hübsches für ihn auszudenken. Etwas Schönes, Seltenes, Gediegenes – etwas, das beinahe der Ehre würdig gewesen wäre, Jim zum Besitzer zu haben.

Zwischen den Fenstern des Zimmers befand sich ein Pfeilerspiegel. Vielleicht haben Sie schon einmal einen Pfeilerspiegel in einer Achtdollarwohnung gesehen. Nur eine sehr schlanke und bewegliche Person kann, wenn sie ihr Spiegelbild in einer raschen Folge von Längsstreifen zu betrachten versteht, einen einigermaßen zuverlässigen Eindruck ihres Aussehens bekommen. Da Della schlank war, verstand sie sich darauf.

Plötzlich wandte sie sich vom Fenster ab und stellte sich vor den Spiegel. Ihre Augen glänzten hell, aber ihr Gesicht hatte innerhalb von zwanzig Sekunden jede Farbe verloren. Schnell löste sie ihr Haar und ließ es in seiner ganzen Länge herabfallen.

Nun gab es zwei Dinge im Besitz der Familie James Dillingham Young, auf die beide mächtig stolz waren. Eines davon war Jims goldene Uhr, die schon seinem Vater und Großvater gehört hatte. Das andere war Dellas Haar. Hätte in der Wohnung jenseits des Lichtschachtes die Königin von Saba gewohnt, Della hätte ihr Haar eines Tages zum Trocknen aus dem Fenster gehängt, nur um die Juwelen und Geschenke Ihrer Majestät in den Schatten zu stellen. Und wäre König Salomon mit all seinen im Kellergeschoss aufgestapelten Schätzen der Pförtner des Hauses gewesen, Jim hätte jedes Mal im

Vorbeigehen seine Uhr gezückt, nur um ihn vor Neid seinen Bart raufen zu sehen. Da fiel also Dellas schönes Haar wie ein brauner Wasserfall glänzend und sich kräuselnd an ihr herab. Es reichte ihr bis unter die Knie und umhüllte sie fast wie ein Kleid. Mit nervöser Hast steckte sie es wieder auf. Einen Augenblick noch zögerte sie, während eine oder zwei Tränen auf den abgetretenen roten Teppich fielen.

Dann schlüpfte sie in ihre alte braune Jacke und setzte ihren alten braunen Hut auf. Mit wehendem Rock und dem immer noch glänzenden Leuchten in den Augen huschte sie zur Tür hinaus, die Treppe hinunter, auf die Straße.

Sie blieb erst vor einem Schild stehen, auf dem zu lesen war: „Mme Sofronie, Haare aller Art". Della rannte eine Treppe hoch und sammelte sich, nach Luft ringend. Madame, massig, zu weiß gepudert, sehr kühl, sah kaum so aus, als könne sie Sofronie heißen.

„Wollen Sie mein Haar kaufen?", fragte Della.
„Ich kaufe Haar", sagte Madame. „Nehmen Sie Ihren Hut ab und zeigen Sie, wie es aussieht." Herunter rieselte der braune Wasserfall.
„Zwanzig Dollar", sagte Madame und wog die Haarflut mit geübter Hand.
„Schnell, geben Sie mir das Geld", sagte Della.

Oh, und die nächsten zwei Stunden tänzelten vorbei auf rosigen Schwingen. (Entschuldigen Sie die verhunzte Metapher!) Sie durchstöberte die Läden nach einem Geschenk für Jim. Endlich fand sie es. Sicher war es für Jim und keinen anderen gemacht. Nichts kam ihm gleich in all den anderen Läden, die sie durchwühlt hatte. Es war eine Uhrkette aus Platin, schlicht und edel in der Ausführung; ihr Wert war nur am Material und nicht an protzigem Zierrat zu erkennen – was ja bei allen echten Dingen der Fall sein sollte. Diese Kette war es sogar wert, die Uhr aller Uhren zu tragen. Sobald Della sie sah, wusste sie, dass sie Jim gehören musste. Sie war wie er. Vornehmheit und Wert – diese Bezeichnungen trafen auf beide zu. Einundzwanzig Dollar nahm man ihr dafür ab, und mit den siebenundachtzig Cents eilte sie nach Hause. Mit dieser Kette an seiner Uhr konnte Jim in jeder Gesellschaft, so eifrig er wollte, nach der Zeit sehen. Denn so prächtig die Uhr auch war, er schaute oft nur verstohlen darauf, weil sie, anstatt an einer Kette, an einem alten Lederriemen hing.

Als Della zu Hause ankam, wich ihr Freudenrausch ein wenig der Besinnung und Vernunft. Sie holte ihre Brennschere hervor, zündete das Gas an und machte sich daran, die Verwüstungen wieder gutzumachen, die Freude am Schenken und Liebe angerichtet hatten. Und das, liebe Freunde, ist immer eine ungeheure Aufgabe – eine Mammutaufgabe.

Nach vierzig Minuten war ihr Kopf mit winzigen, eng anliegenden Löckchen bedeckt, die ihr ganz das Aussehen eines die Schule schwänzenden Lausbuben gaben. Sie besah sich lange, sorgfältig und kritisch im Spiegel. „Wenn Jim mich nicht umbringt", sagte sie zu sich selbst, „bevor er mich eines zweiten Blickes würdigt, so wird er sagen, ich sehe aus wie ein Tanzgirl von Coney Island. Aber was konnte ich tun – oh, was konnte ich tun mit einem Dollar und siebenundachtzig Cents?"

Um sieben Uhr war der Kaffee fertig, und die heiße Bratpfanne stand hinten auf dem Ofen, bereit, die Koteletts aufzunehmen. Jim kam nie zu spät. Della nahm die Uhrkette zusammengelegt in die Hand und setzte sich auf die Tischecke bei der Tür, durch die er immer hereinkam. Bald vernahm sie seinen Schritt weit unten auf den ersten Stufen, und für einen Augenblick wurde sie ganz weiß. Sie hatte die Gewohnheit, im Stillen kleine Gebete für die einfachsten Alltagsdinge zu sprechen, und so flüsterte sie auch jetzt: „Lieber Gott, mach, dass er mich immer noch hübsch findet!"

Die Tür ging auf, Jim trat ein und machte sie hinter sich zu. Er sah schmal und ernst aus. Armer Kerl, erst zweiundzwanzig und schon mit einer Familie beladen! Er brauchte einen neuen Mantel und hatte keine Handschuhe.

Jim blieb an der Türe stehen, bewegungslos wie ein Setter, der eine Wachtel wittert. Seine Augen waren auf Della gerichtet und hatten einen Ausdruck, den sie nicht deuten konnte und der sie erschreckte. Es war weder Zorn noch Überraschung, weder Missbilligung noch Entsetzen, überhaupt keines der Gefühle, auf die sie gefasst war. Er starrte sie ganz einfach an, mit jenem sonderbaren Ausdruck auf seinem Gesicht.

Della rutschte vom Tisch herunter und ging auf ihn zu.

„Jim, Liebster", rief sie, „schau mich nicht so an. Ich ließ mein Haar abschneiden und verkaufte es, weil ich Weihnachten einfach nicht überstanden hätte, ohne dir etwas zu schenken. Es wird wieder nachwachsen – du bist nicht böse, nicht wahr? Ich musste es einfach tun. Und meine Haare wachsen ja unheimlich schnell. Sag ‚Fröhliche Weihnachten', Jim, und lass uns glücklich sein. Du weißt ja gar nicht, was für ein schönes – ja, wunderschönes Geschenk ich für dich habe."
„Dein Haar hast du dir abgeschnitten?", fragte Jim mühsam, als hätte er trotz der härtesten geistigen Anstrengung diese offensichtliche Tatsache noch nicht erfasst.
„Abgeschnitten und verkauft", sagte Della. „Magst du mich nicht trotzdem genauso gern? Ich bin doch auch ohne Haare immer noch dieselbe, nicht wahr?"
Jim schaute sich forschend im Zimmer um. „Du sagst, dein Haar ist fort?", sagte er mit fast idiotischem Ausdruck.

„Du brauchst nicht danach zu suchen", sagte Della. „Verkauft ist es, sag ich dir, verkauft und fort. Es ist Heiliger Abend, mein Junge. Sei lieb zu mir, ich habe es ja für dich getan. Es mag ja sein, dass die Haare auf meinem Kopf gezählt waren!", fuhr sie fort mit plötzlich ernsthafter Zärtlichkeit, „aber niemand könnte jemals meine Liebe zu dir zählen. Soll ich jetzt die Koteletts aufsetzen, Jim?"

Nun schien Jim schnell aus seinem Trancezustand zu erwachen. Er schloss seine Della in die Arme. Wir wollen daher zehn Sekunden lang mit diskreter Genauigkeit einen belanglosen Gegenstand in entgegengesetzter Richtung betrachten. Acht Dollar in der Woche oder eine Million im Jahr – was ist der Unterschied? Ein Mathematiker oder ein geistreicher Kopf würden uns eine falsche Antwort geben. Die drei Weisen aus dem Morgenlande brachten kostbare Geschenke, aber jenes schönste Geschenk war nicht darunter. Diese dunkle Andeutung wird sich später aufklären.

Jim zog ein Päckchen aus seiner Manteltasche und warf es auf den Tisch. „Täusche dich nicht in mir, Dell", sagte er. „Ich glaube, kein Haareschneiden, Scheren oder Waschen könnte mich dazu bringen, mein Mädchen weniger zu lieben. Aber wenn du dieses Päckchen aufmachst, wirst du sehen, warum ich zuerst eine Weile außer Fassung war."

Weiße Finger zogen behände an Schnur und Papier. Ein entzückter Freudenschrei; und dann – oh weh – ein schneller, echt weiblicher Umschwung zu jähen Tränen und Klagen, welche den Herrn des Hauses vor die augenblickliche Notwendigkeit stellten, mit ganzer Kraft Trost zu spenden. Denn da lagen sie, die Kämme – die ganze Garnitur von Kämmen, seitlich und hinten einzustecken, die Della so lange schon in einem Schaufenster am Broadway bewundert hatte. Herrliche Kämme, aus echtem Schildpatt, mit juwelenverzierten Rändern – genau von der Farbe, die zu dem verschwundenen Haar gepasst hätte. Es waren teure Kämme, das wusste sie, und ihr Herz hatte sie voller Sehnsucht begehrt, ohne im Entferntesten zu hoffen, sie je zu besitzen. Und jetzt gehörten sie ihr, aber die Flechten, die diese heiß ersehnten Schmuckstücke hätten zieren sollen, waren fort.

Doch sie drückte sie an ihr Herz, und endlich konnte sie aus verweinten Augen aufgucken und lächelnd sagen: „Meine Haare wachsen ja so rasch, Jim."

Und dann sprang Della wie eine kleine, angesengte Katze in die Höhe und rief: „Oh, oh!" Jim hatte ja sein schönes Geschenk noch gar nicht gesehen. Sie hielt es ihm eifrig auf offener Hand entgegen. Das matt glänzende, kostbare Metall schien auf einmal aufzuleuchten und ihre innige Freude widerzuspiegeln.

„Ist sie nicht ein Prachtstück, Jim? Ich habe die ganze Stadt abgejagt, bis ich sie gefunden habe. Du musst jetzt hundertmal am Tag nach der Zeit sehen. Gib mir deine Uhr. Ich möchte sehen, wie sie sich daran ausnimmt."

Anstatt Folge zu leisten, ließ sich Jim auf die Couch fallen, faltete die Hände hinter dem Kopf und lächelte. „Dell", sagte er, „wir wollen unsere Weihnachtsgeschenke wegpacken und eine Weile aufheben. Sie sind zu schön, als dass wir sie jetzt gleich benützen können. Ich habe die Uhr verkauft, um das Geld für die Kämme zu bekommen. Und jetzt glaube ich, wäre es Zeit, die Koteletts aufs Feuer zu stellen."

Die Heiligen Drei Könige waren, wie Sie wissen werden, weise Männer – wunderbar weise Männer –, die dem Kindlein in der Krippe Geschenke brachten. Sie erfanden die Kunst des weihnachtlichen Schenkens. In ihrer Weisheit wählten sie sicher Geschenke, die, für den Fall, schon auf dem Gabentische vertreten zu sein, umgetauscht werden konnten. Und da habe ich Ihnen nun mit unbeholfener Feder die recht ereignislose Geschichte von zwei närrischen Kindern in einer Wohnung erzählt, die einander, gar nicht sehr weise, ihre größten Schätze geopfert haben. Aber in meinem Schlusswort an die Weisen unserer Tage möchte ich sagen, dass von allen, die schenken, diese beiden am weisesten waren. Von allen, die schenken und beschenkt werden, sind ihresgleichen am weisesten. Das gilt für immer und überall. Sie sind die Könige.

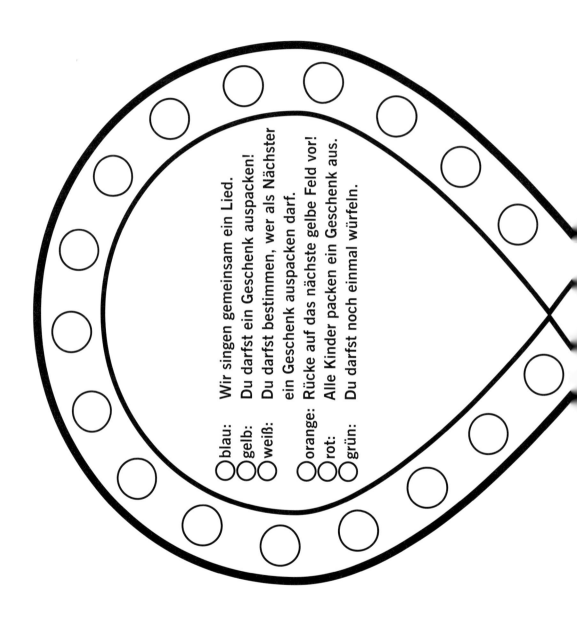

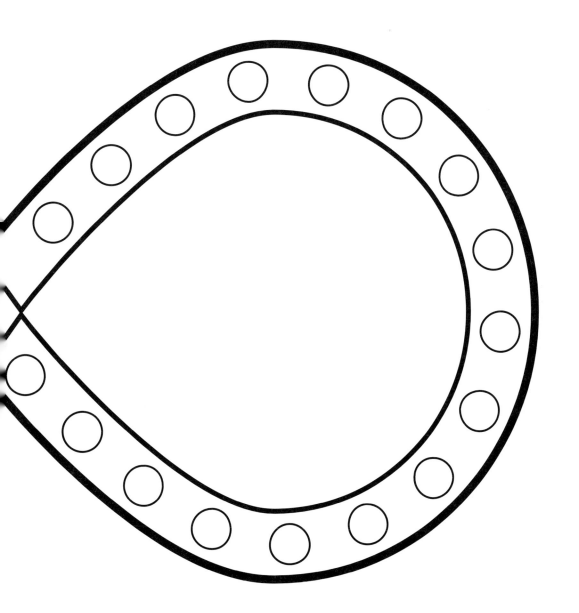

[1] Rechte beim Autor
[2] Rechte beim Autor
[3] Rechte beim Autor
[4] Gute Nachricht Bibel, revidierte Fassung © 1997 Deutsche Bibelgesellschaft, Stuttgart
[5] Karl Wanner, in: Erzählbuch zur Weihnachtszeit, hg. von Heidi Kaiser, Verlag Ernst Kaufmann, Lahr / Christopherus-Verlag, Freiburg 1986
[6] Deßecker/Schupp, in: Bald nun ist Weihnachtszeit, © Verlag Ernst Kaufmann, Lahr 1992
[7] Philipp Yancey, in: From Campus Life magazine, Christianity Today International, copyright 1976. Used with permission
[8] Rechte beim Autor
[9] Rechte beim Autor

Claudia Filker und Gabriele Zongo

Die Weihnachts-Weltreise

Ein Adventskalender zum Vorlesen und Ausschneiden
56 Seiten, geheftet, ISBN 3-7893-7972-7 (Oncken)

Ob im tiefen Schnee oder bei sengender Sonne, ob unter dem Tannenbaum oder unter einem Palmendach: Überall auf der Welt wird Weihnachten gefeiert. Dieser Adventskalender lässt die festliche Zeit mit Kindern aus vielen Ländern und Kontinenten erleben. Dabei gibt es jeden Tag etwas zu tun!
Mit separatem Poster zum Basteln.

Für Kinder ab 4 Jahren

Claudia Filker und Ingrid & Dieter Schubert

Wir reisen hin zum Weihnachtsfest

Adventsgeschichten aus zwei Jahrtausenden
Zum Vorlesen und Ausschneiden
52 Seiten, geheftet, ISBN 3-7893-7929-0

Dieser Adventskalender nimmt Kinder auf eine Zeitreise mit, die von der Gegenwart durch viele Jahrhunderte bis zur Heiligen Nacht in Bethlehem führt. Jeden Tag tauchen die Kinder tiefer in die Welt ihrer Altersgenossen vergangener Zeiten ein. Dabei erfahren sie manches über den Ursprung von Sitten und Gebräuchen, die uns heute noch lieb oder ganz fremd sind, und sie begreifen nach und nach, was die Advents- und Weihnachtszeit trotz aller Unterschiede schon immer zu einer ganz besonderen Zeit gemacht hat.
Mit separatem Poster zum Basteln.

Für Kinder ab 5 Jahren

Eckart zur Nieden und Ingrid & Dieter Schubert

Der Weihnachtswunsch

Ein Adventskalender zum Vorlesen und Mitmachen
52 Seiten, geheftet, ISBN 3-7893-7986-7 (Oncken Verlag)

Adelheid ist verschwunden! Sara und Samuel setzen alles daran, um ihre geliebte Katze wieder zu finden. Die Suche führt sie kreuz und quer durch ihre weihnachtliche Stadt. Und während sie nach Katzenspuren Ausschau halten, entdecken sie noch eine ganz andere Spur …
Das ungewöhnliche Poster verwandelt sich in 24 Tagen von einem Katzenbild in eine Weihnachtsstadt.

Für Kinder ab 5 Jahren

Claudia Filker

Mit Kindern über Gott sprechen

Wenn Kinder fragen, geraten Eltern schon mal ins Schwimmen. Dieses Buch zeigt Ihnen, wie Glaubensinhalte im Familienalltag einfach und kindgerecht vermittelt werden können. Mit vielen praktischen Ideen, Liedern und Gebeten.

96 Seiten, Paperback, Bestell-Nr. 627 450

Annemarie Pfeifer

Erziehung ohne Sieger und Besiegte

Erziehung ist kein Kinderspiel. Wo sind die Grenzen? Wie geht man mit Konflikten um? In der Art eines kleinen Seminars leitet das Buch Sie praxisnah dazu an, einen liebevollen und konsequenten Weg für die Erziehung der Kinder zu finden.

96 Seiten, Paperback, Bestell-Nr. 627 452

Christhart Vorländer

Für eine erfolgreiche und unbeschwerte Schulzeit

Schule soll mehr sein als betreutes Pauken. Dazu können Eltern vom ersten Tag an eine Menge beitragen. Ein erfahrener Pädagoge erklärt anschaulich und praxisnah, wie es Ihnen gelingt, Ihren Kindern Hilfestellungen für einen erfolgreichen Schulalltag zu geben.

96 Seiten, Paperback, Bestell-Nr. 627 453

ONCKEN VERLAG WUPPERTAL UND KASSEL